あすけん公式

結局、これしか作らない！

短（みじか）いレシピ

国内最大級の
食事管理アプリ
あすけん 著

管理栄養士
道江美貴子 監修

JN020938

自然とやせていく！
「短いレシピ」の秘密

① 昼も夜も500kcal台までの定食レシピだから、やせられる

「やせたい！」と考えたとき、女性の場合なら一般的に目指すとよい摂取カロリーは「1500kcal」。この数字は、まさに本書の定食レシピのように昼食と夕食を500kcal台にすると実現できます。間食だって200kcalまでならOK！

なぜ1日1500kcalだとやせられるのでしょうか？　厚生労働省の『日本人の食事摂取基準（2020年版）』によると、30〜49歳の女性（デスクワーク）の摂取エネルギーの適正量は、1日1750kcal。ダイエットを希望する場合は、1750kcalから少し調整する必要があります。そこで1日の摂取カロリーを1500kcalに抑えると1日あたりの摂取カロリーが250kcal減となり、30日後には7500kcalのマイナスに。この数字は、脂肪1kgを減らすために消費しなければならない7200kcalとほぼイコールです。

ここで、ペースを上げたいからといって摂取カロリーを1日1200kcalなどのように極端に減らすのはNG。空腹を感じて継続が難しく、健康を保つのに必要な栄養を満たすのが難しくなります。

```
┌── 朝食 ──┐       ┌── 昼食 ──┐       ┌── 夕食 ──┐
  355kcal     +    約500kcal    +    約500kcal
※黄金の納豆ごはん
355kcal（p.36）の場合
```

＋ 間食200kcalまで ＝ 1500kcal 前後に

↓

30日後に 1kg減　{ 理想的なペース！
運動を足すとさらにGOOD！ }

② 短いレシピだから続けられる

現代人は毎日、仕事や家事に忙しい。かといって、外食続きでは栄養バランスが崩れてしまいます。糖質や脂質に偏って、たんぱく質やビタミン、ミネラル、食物繊維などが足りず、ダイエット以前に体の不調を感じやすくなることも。

だからこそ「短いレシピ」の出番！　本書のレシピはほぼ3ステップで完成する時短レシピばかり。しかも、一般的なスーパーで手に入る食材や缶詰・冷凍野菜など手軽に使えるストック食材をフル活用した作りやすくておいしいレシピです。

③ あすけん栄養士チームが 栄養バランスを徹底チェック

一言で「500kcal台」といっても、その栄養成分はさまざまです。例えば500kcalのメロンパンの栄養成分を見ると、糖質ばかりでたんぱく質やビタミン、ミネラルはかなり少なくなります。その点、本書で紹介するレシピは、メロンパンと同じ500kcalでも栄養バランスがちゃんととれるように、食事管理アプリ『あすけん』栄養士チームが徹底チェック。1週間で必要な摂取カロリーや三大栄養素（たんぱく質・脂質・糖質）のバランスがちょうどとれるように設計しています。ほかにも、鉄分や食物繊維、カルシウムなど、日本人に不足しがちな栄養素がしっかり摂れる定食も用意しました。各ページの栄養アイコンをぜひチェックしてみてください。

例 Day1 〜 Day7 の場合

7日間の平均「摂取カロリー」

1458kcal

おやつ168kcal分を含む

7日間の平均「三大栄養素バランス」

たんぱく質	72.3g
脂質	43.2g
糖質	192.7g

30〜49歳女性（デスクワーク）の必要摂取量を満たします

※朝食は黄金の納豆ごはん（p.36）、間食はオートミールクッキー4枚分（p.126）で計算

④ 「食べる楽しみ」を失わずに ダイエットを進めていける

『あすけん』ユーザーさんからよく届く声の一つが、「ダイエット中、何を食べていいのかわからない！」という言葉です。選択肢が浮かばず、サバ缶、納豆、キャベツの千切りなどのヘルシー食材をルーティンで食べ続けているという方も多いようです。でも、どんなに好きな食材・おいしい食材だったとしても毎日毎食同じ組み合わせでは、大半の人は食べ飽きて続かなくなりますよね。

ですから「短いレシピ」では、みなさんが「食べる楽しみ」をしっかり感じてもらえることを大事にしています。たんぱく源は肉・魚・卵・大豆製品などの多様な食材を用いて、味付けも和洋中にエスニックと幅広くチョイスし、バリエーション豊かなレシピをご用意しました。必要な栄養を「おいしく楽しく」摂取できる。だからこそ継続できるのです。

食事管理アプリ『あすけん』って？

累計900万人以上が利用する、ダイエットや健康管理に必要な食事記録・カロリー計算・体重管理・運動記録などがまとめてできる無料アプリ。食事写真や商品バーコードを"撮るだけ"で簡単にカロリー計算ができ、AI栄養士からあなただけの食事アドバイスが毎日届くので、日々の栄養バランスの改善に役立ちます。

Contents

4

Column

本書の使い方

- 本書で使用している大さじ1は15㎖、小さじ1は5㎖、ひとつまみは親指と人さし指の2本の指でつまんだ量、少々は親指と人さし指の、2本の指先でつまんだ量が目安ですが、個人差があるので味を見ながら調節してください。
- 電子レンジやオーブントースターの加熱時間は目安です。機種や食材の状況によって差が出る場合がありますので様子を見ながら行ってください。
- 本書に掲載しているレシピの分量は「1食分」が中心ですが、メニューによっては「作りやすい分量」として「2食分」の分量を掲載しているものがあります。必要に応じて調整ください。

28日分の昼食・夕食を掲載

使用する際はそこまで順番にとらわれすぎず、好きなメニューをランダムに選んでもOKです。

総カロリーはここをチェック

ごはんはすべて白米120g＝187kcalで計算しています。主菜・副菜・ごはんを合わせた1食分の総カロリーです。全レシピ500kcal台以下になっています。

『あすけん』アプリ専用バーコード

『あすけん』アプリを使用中の方は、食事記録の際に本書に掲載のバーコードを読み取れば、定食の主菜・副菜（ごはんは別途ご登録ください）を簡単に登録できます。

三大栄養素（たんぱく質、脂質、糖質）の数値

定食（主菜・副菜・ごはん）の三大栄養素が確認できます。たんぱく質多め、脂質少なめのメニューを選びたいときなど便利に活用できます。

コラムで紹介しているレシピを『あすけん』に食事記録する際は「短いレシピ」と検索すると、一覧から簡単に登録できます。

栄養ラベル

あすけん栄養士チームが栄養の観点から定食ごとの特徴をラベリング。栄養素については、厚生労働省『日本人のための食事摂取基準（2020年度版）』の「30代女性の1日の摂取量」の1/3程度を目安に、含有量がとくに多い・少ないため特徴的と判断したものをラベル化しました。また、栄養素や成分に応じて健康サポートの効果が期待できるものについてもラベルで表示しています。

糖質代謝サポート	葉酸補給
脂質代謝サポート	ミネラル補給
たんぱく質30g以上	飽和脂肪酸控えめ
野菜1/2日分以上	イソフラボン補給
EPA・DHA補給	抗酸化作用
塩分控えめ	腸活にGOOD
食物繊維プラス	骨の健康サポート
カルシウム補給	むくみ対策
鉄補給	肌荒れ対策
ビタミンC補給	肝機能サポート

1

まずはこれだけ試してほしい！

食べヤセが叶う7日間。

あすけん
ベストレシピ

あすけん栄養士チームが考案した栄養ごはん
レシピは、必要なカロリーと栄養バランスが
1週間単位でしっかり調整できるよう設計さ
れています。食の楽しみをたっぷり味わいつ
つ、自然とやせられるダイエット。最初の7
日間のスタートです。

食べ応え十分！
ヘルシー牛丼定食 425kcal

たんぱく質	**24.5**g
脂質	**9.0**g
糖質	**58.1**g

鉄補給　　ミネラル補給　　腸活にGOOD

（主菜）

亜鉛＆鉄を含む牛肉は、貧血が気になる方に◎

しらたきたっぷりヘルシー牛丼

381kcal

材料〈1食分〉

牛もも肉薄切り…80ｇ
片栗粉…少々
玉ねぎ（薄切り）…1/8個（30ｇ）
しらたき（あく抜き済み・
　5cm幅に切る）…50ｇ

A
- 砂糖…小さじ1
- しょうゆ…大さじ1
- みりん…小さじ1
- 水…大さじ3

ごはん…120ｇ
紅ショウガ…10ｇ

作り方

1 肉に片栗粉をまぶす

> 牛もも肉は食べやすく切り、片栗粉をまぶす。

2 野菜などに火を通す

> フライパンに玉ねぎとしらたきを入れ、乾煎りする。

3 肉を煮る

> ❷にAを入れて混ぜ、❶を加えて火が通るまで煮る。

☑丼飯の上に盛り、紅ショウガを添えて　**完成！**

脂肪が少ない分、パサつきがちな牛もも肉も、片栗粉をまぶすとやわらかく仕上がります

（副菜）

食前に酢をとると血糖値の上昇を抑えてくれる

シラスときゅうりの酢の物

44kcal

材料〈1食分〉

きゅうり（薄い輪切り）
　…1/2本（60ｇ）
乾燥ワカメ（水で戻す）…2ｇ
シラス…大さじ1（5ｇ）

A
- 酢…大さじ1
- 砂糖…小さじ1
- しょうゆ…小さじ1/2
- 塩…少々
- 白いりごま…少々

作り方

1 きゅうりに塩をふる

> きゅうりに塩少々（分量外）をふり、しんなりしたら絞る。

2 和える

> ボウルでAを混ぜ、❶、水気を切ったワカメ、シラスを入れて和える。

☑白いりごまをかけて　**完成！**

きゅうりのポリポリ食感が早食いを防止してくれます。ミネラルも補給できますよ

たんぱく質	**26.3g**
脂質	**11.7g**
糖質	**64.0g**

野菜1/2日分以上　　飽和脂肪酸控えめ　　腸活にGOOD　　むくみ対策

汁気の多い煮物は胃を温め、消化力をサポート

鶏と根菜のさつま煮

181kcal

0000 0482

材料〈2食分〉

鶏もも肉（皮なし・一口大に切る）
　…150g
ごま油…小さじ1
大根（厚めのいちょう切り）
　…80g
にんじん（厚めのいちょう切り）
　…30g
こんにゃく（あく抜き済み・
　一口大にちぎる）…50g
さつまいも（厚めのいちょう切り
　→水にさらす）…1/4本（60g）
だし汁（顆粒の和風だし3g＋
　水200cc）…200cc
味噌…大さじ1½
ねぎ（輪切り）…5cm

作り方

❶ 肉を中火で炒める

ごま油を鍋に入れて火にかけ、鶏肉を表面が白くなるまで炒める。

❷ 野菜などを炒める

❶に大根、にんじん、こんにゃくを加えて炒める。

❸ 煮る

❷にだし汁、さつまいもを加え、沸騰したらあくを取って蓋をし、弱火で煮る。大根に火が通ったら、味噌を溶かす。

☑ねぎを散らして **完成！**

夕食が遅くなった日にぴったり！　多めに作って翌日の朝ごはんにしてもいいですね

納豆のナットウキナーゼと切干大根の食物繊維で腸活

ピリ辛切干納豆

103kcal

0000 0499

材料〈1食分〉

切干大根…10g（乾燥した状態）
納豆…1パック（30g）
にら（みじん切り）…少々（5g程度）
　┌ 納豆のタレ（付属品）…1袋
A　納豆のからし（付属品）…1袋
　└ ラー油…小さじ1/3

焼き海苔で巻いて食べたり、にらを長ねぎに替えて作ってもおいしいですよ

作り方

❶ 切干大根を処理

サッと洗い、水気を絞ったらみじん切りに。

❷ 納豆を混ぜる

ボウルに納豆を入れ、粘りが出るまでしっかり混ぜる。

❸ 和える

❷に❶とにら、Aを入れて味を調える。

食欲のない日に
サバ缶冷や汁定食　505kcal

\うまいっ/

たんぱく質	**33.2**g
脂質	**19.2**g
糖質	**49.8**g

EPA・DHA補給　食物繊維プラス　鉄補給　骨の健康サポート

（主菜）

EPA・DHAが摂れる！　夏バテ対策にもぴったり

サバ缶で簡単冷や汁

484kcal

材料〈2食分〉

きゅうり（薄い輪切り）…1本
塩…ひとつまみ
サバ水煮缶…1缶（190g）
木綿豆腐（一口大に手でちぎる）
　…100g
冷凍刻みオクラ…20g
味噌…大さじ2
白すりごま…大さじ3
和風だし（顆粒）…小さじ1/2
水…200cc＋氷2〜3個
大葉、ミョウガ（千切り）
　…適量（お好みで）
ごはん…240g

作り方

❶ きゅうりを塩揉み

> きゅうりに塩ひとつまみを入れて揉み、しんなりしたら水気を絞る。

❷ ボウルで混ぜる

> ❶と、ごはん以外の材料をすべて混ぜる。

☑ 茶碗に盛ったごはんにかけて　**完成！**

> 木綿豆腐とごまのおかげで、不足しがちなカルシウム、鉄、食物繊維も補えます

（副菜）

ポン酢しょうゆで解凍するだけ！　手軽に食物繊維をプラス

冷凍オクラで簡単お浸し

21kcal

材料〈1食分〉

冷凍刻みオクラ…50g
ポン酢しょうゆ…小さじ1
カツオ節…適量

作り方

❶ オクラを解凍する

> 刻みオクラにポン酢しょうゆをかけて解凍する。

☑ カツオ節をかけて　**完成！**

> 冷凍ほうれん草やワカメを加えると野菜量を増やせますよ

満腹低カロリー！
青椒肉絲定食
（チンジャオロースー）

389kcal

たんぱく質	**30.1**	g
脂質	**7.1**	g
糖質	**50.4**	g

たんぱく質30g以上　塩分控えめ　飽和脂肪酸控えめ　肌荒れ対策

豚肉、牛肉より低カロリーなのでヘルシー＆満腹に

鶏むね肉で！　青椒肉絲

179kcal

0000 0529

材料〈1食分〉

鶏むね肉（皮を取る）…100g
片栗粉…適量
ごま油…小さじ1
たけのこ（水煮・細切り）50g
ピーマン（5mm程度の細切り）…1個
- A
  - オイスターソース…小さじ1
  - しょうゆ…小さじ1/2
  - 酒…小さじ1

作り方

❶ 鶏肉の下処理をする

半分の厚さにして7〜8mmの細切りに。片栗粉をまぶす。

❷ フライパンで炒める

ごま油を引き、中火で熱し肉を炒める。色が変わったら野菜を加える。

❸ 味付ける

ピーマンに火が通ったら、Aを混ぜてまわし入れ、炒め合わせる。

野菜のシャキシャキとした食感で満腹感がさらにアップ。たけのこも食物繊維が豊富です

水分が出にくいのでお弁当にもぴったり

なすの香味和え

23kcal

0000 0536

材料〈1食分〉

なす（薄い半月切り）…1本（70g）
塩…少々
大葉（千切り）…2枚
ミョウガ（小口切り）…1/2本
- A
  - しょうゆ…小さじ1
  - 白いりごま…小さじ1/2
  - ショウガ（チューブ）…1cm

作り方

❶ なすに塩をふる

約10分置き、水気が出たら絞る。

❷ 味付ける

ボウルに❶、大葉、ミョウガ、Aを入れ、混ぜ合わせる。

なすは生のまま使うので食感が◎。抗酸化作用を持つアントシアニンも摂れますよ

お腹スッキリ！ねばねば丼定食

501kcal

たんぱく質	**22.7**g
脂質	**14.8**g
糖質	**65.0**g

食物繊維プラス　カルシウム補給　腸活にGOOD　むくみ対策

（主菜）

食物繊維たっぷり食材を詰め込んだ腸活丼

長いもとキムチのねばねば丼

399kcal

0000 0543

材料〈1食分〉

納豆… 1 パック
納豆のタレ (付属品)… 1 袋
卵白… 1 個分
味付めかぶ… 1 パック
長いも (1㎝の角切り)
　…50 g
キムチ (粗く刻む)… 10 g
冷凍刻みオクラ… 20 g
ごはん… 120 g
卵黄… 1 個分
白いりごま… 適量
しょうゆ… 適量

作り方

❶ 納豆に味付ける

納豆に付属のたれと卵白を加えて混ぜる。

❷ ごはんに盛る

ごはんの上に❶、めかぶ、長いも、キムチ、冷凍の刻みオクラをのせる。

❸ 仕上げる

中央に卵黄を落とし、白いりごまをふる。

☑ しょうゆをかけて **完成！**

加熱いらずの時短丼！　長いもに含まれるカリウムはむくみ対策にぴったりです

（副菜）

切干大根は食物繊維やカルシウムが豊富！

切干大根の和風カレー炒め

102kcal

0000 0550

材料〈2〜3食分〉

にんじん (千切り)… 1/3本 (70 g)
切干大根 (水で戻し、ざく切り)
　…20 g (乾燥した状態)
ちくわ (斜め薄切り)… 2 本
ごま油… 小さじ 1
　┌ 酒… 大さじ 1
　│ しょうゆ… 小さじ 2
A│ みりん… 小さじ 1
　└ カレー粉… 小さじ 1/2

作り方

❶ フライパンで炒める

ごま油を引き中火で熱し、にんじんを炒める。

❷ さらに炒める

にんじんがしんなりしたら切干大根、ちくわを加えてさらに炒める。

❸ 味付ける

Aを加えて炒め合わせる。

多めに作ってストックしてお弁当のおかずにもどうぞ。冷凍保存もできますよ

鉄＆カルシウム補給 カラフルペンネ定食 **432kcal**

たんぱく質	**28.1**g
脂質	**13.4**g
糖質	**48.5**g

糖質代謝サポート　食物繊維プラス　カルシウム補給　鉄補給

鉄が豊富なアサリは、水煮缶で手軽に

アサリのカラフルペンネ

327kcal

0000 0567

材料〈1食分〉

ミニトマト… 4個
冷凍さやいんげん… 4本
しめじ… 1/2パック（40ｇ程度）
ニンニク（チューブ）… 3㎝
オリーブ油… 小さじ1
ペンネ（表示時間通りに茹でる）
　… 60ｇ
アサリ缶（水煮）… 1缶（固形量40ｇ）
塩こしょう… 少々
粉チーズ… 小さじ1

作り方

① フライパンで炒める

油を引き、ミニトマト、さやいんげん、しめじ、ニンニクを入れて炒める。

② 味付ける

①に茹でたペンネ、アサリ缶を汁ごと入れ、和える。塩こしょうで味を調える。

☑粉チーズをかけて **完成！**

不足しがちな鉄が1品で1日分、カルシウムも1日の1/3量としっかり摂れます

（副菜）

切って煮込むだけ！　簡単スープを食卓に

えのきと豆腐のコンソメスープ

105kcal

0000 0574

材料〈2食分〉

水… 300cc
コンソメ（顆粒）… 小さじ1½
豆腐… 150ｇ
えのき… 1/2パック（50ｇ程度）
卵… 1個
塩… 少々
こしょう… 少々

豆腐はスプーンで、えのきはキッチンばさみで。包丁＆まな板なしで完成です

作り方

① スープを作る

鍋に水を入れ、沸かす。コンソメを入れる。

② 具を入れる

①に豆腐をスプーンで一口大にすくって加え、えのきはキッチンばさみで2～3㎝幅にカットしながら入れる。

③ 卵を加える

えのきに火が通ったら卵を溶き入れ、塩・こしょうで味を調える。

リセット食に最適
麩の卵とじ定食

460kcal

ほっこり…

たんぱく質	**22.8**g
脂質	**14.6**g
糖質	**56.5**g

食物繊維プラス　鉄補給　葉酸補給　抗酸化作用

ヘルシーな麩が主役のリセットおかず

麩の卵とじ

222kcal

0000 0581

材料〈1食分〉

焼き麩…7〜8g
だし汁（顆粒の和風だし0.5g＋水
　80ccを入れる）…80cc
玉ねぎ（薄切り）…1/4個（50g）
しょうゆ…大さじ1/2
みりん…大さじ1/2
溶き卵…2個分
青ねぎ（小口切り）…適量

たんぱく質が摂れ、脂質も少ない麩は、暴食後の調整に最適。ストックしておきましょう

作り方

① 麩を水に戻す

麩はたっぷりの水につけ、やわらかくなったら手でよく絞る。

② だし汁で煮る

鍋にだし汁を沸かし玉ねぎ、しょうゆ、みりんを入れ弱めの中火で5分煮る。

③ 卵を加える

②に①を加えて再度沸騰したら、溶き卵をまわし入れて火を通す。

☑青ねぎを散らして **完成！**

海苔を加えて食物繊維をプラス

豆もやしの海苔ナムル

51kcal

0000 0598

材料〈1食分〉

豆もやし…50g
冷凍ほうれん草…30g
A ┌ 鶏がらスープの素（顆粒）
　│　　…小さじ2/3
　│ ごま油…小さじ1/2
　│ 白いりごま…小さじ1/2
　└ 塩…少々
焼き海苔…1/4枚

作り方

① 600Wで
1分30秒レンチン

耐熱容器に豆もやし、ほうれん草を入れ、ふんわりラップして電子レンジ加熱。

② 味付ける

ボウルに水気を切った①とA、焼き海苔をちぎって入れ、混ぜ合わせる。

豆もやしは、ふつうのもやしと比較してたんぱく質が2.2倍、食物繊維は1.8倍！

丈夫な骨を作ろう
サケ＆きのこ定食

484kcal

レンジで完成！

たんぱく質	**30.7g**
脂質	**13.6g**
糖質	**57.5g**

脂質代謝サポート　EPA・DHA補給　塩分控えめ　骨の健康サポート

レンジで簡単！　サケでビタミンDを補給しよう

サケときのこのレモン蒸し

166kcal

材料〈1食分〉

舞茸（食べやすくほぐす）…50g
エリンギ（硬い部分を除き、
　　縦半分に切って薄切り）…1本
生サケ切り身（一口大のそぎ切り）
　　…1切れ
塩…少々
こしょう…少々
┌　レモン汁…大さじ1/2
A　酒…大さじ1/2
└　コンソメ（顆粒）…小さじ1/2
乾燥パセリ…少々
レモン（お好みで）…適量

作り方

❶ 耐熱容器に並べる

耐熱容器に舞茸、エリンギを敷き、塩、こしょうをふったサケをのせる。

❷ 600Wで3分レンチン

Aを混ぜて❶にまわしかけ、ふんわりラップして電子レンジで加熱し、サケに火を通す。

❸ 仕上げる

❷に乾燥パセリをふり、お好みで輪切りにしたレモンを飾る。

サケときのこのビタミンDが、カルシウム吸収をアップしてくれます

（副菜）

ナッツを加えてビタミンEとオメガ3脂肪酸をプラス

白菜のヨーグルトサラダ

131kcal

材料〈1食分〉

白菜…50g
りんご（皮付きのまま薄いいちょう切り）
　　…1/8個
ミックスナッツ（食塩不使用・
　　粗く刻む）…10g
┌　プレーンヨーグルト…大さじ1
│　オリーブ油…小さじ1/2
A　はちみつ…小さじ1/2
│　塩…少々
└　粗びき黒こしょう…少々

作り方

❶ 白菜を切る

芯の部分は薄切り、葉の部分はざく切りにする。

❷ 味付ける

器に❶とりんご、ミックスナッツを盛り、Aを混ぜてまわしかける。

白菜とりんごからカリウムや葉酸を補給できます

油を使わずヘルシー 豚肉の重ね蒸し定食

517 kcal

たんぱく質	**25.7 g**
脂質	**17.4 g**
糖質	**63.9 g**

糖質代謝サポート　野菜1/2日分以上　むくみ対策

油をよく吸うなすは、レンチン調理で低脂質に

なすとトマトと豚肉の重ね蒸し

254kcal

材料〈1食分〉

豚ロース肉薄切り（4〜5cm幅に切る）
…80g
なす（7〜8mm幅の斜め切り）
…1本（70g）
トマト（5〜7mm幅の半月切り）
…1/2個（75g）

A ┌ ポン酢…大さじ1
　│ 白すりごま…小さじ1
　│ 砂糖…小さじ1/2
　└ ショウガ（チューブ）…1cm

青ねぎ（小口切り）…適量

作り方

①　耐熱皿に並べる

> 豚肉、なす、トマトを順番に重ねながら並べる。

②　600Wで3分レンチン

> ①にふんわりラップして電子レンジで加熱。豚肉に火を通す。

③　味付ける

> Aを混ぜてまわしかけ、青ねぎを散らす。

> 刻んだミョウガ、千切りの大葉をのせてもGOOD。トマトのさわやかな酸味がアクセントになりますよ

（副菜）

腹持ちがよい長いもは、ダイエットの強い味方

長いもとカニ風味かまぼこの
わさびじょうゆ和え

76kcal

材料〈1食分〉

長いも…5cm
カニ風味かまぼこ
　　（スティック・ほぐす）…2本
しょうゆ…小さじ1
わさび（チューブ）…1cm
刻み海苔…適量

作り方

①　長いもを一口大にする

> ポリ袋に入れ、麺棒でたたいて一口大にする。

②　味付ける

> ①にカニ風味かまぼこ、しょうゆ、わさびを入れ、袋の上から手で軽く揉んで味をなじませる。

> 長いもは大きめに仕上げるのがコツ。噛み応えがあるとさらに満足感がアップします

> ☑刻み海苔を散らし **完成！**

体のサビを防ぐ ブリ＆野菜定食

527 kcal

じゅうっ

たんぱく質	**29.1** g	
脂質	**20.9** g	
糖質	**58.7** g	

EPA・DHA補給　　ビタミンC補給　　抗酸化作用

ブリのDHAとピーマンのビタミンCで抗酸化

ブリと野菜の香味焼き

280kcal

0000 0642

材料〈1食分〉

ブリ切り身（4等分して骨を抜く）
… 1 切れ（80g）

片栗粉…小さじ1

レンコン（皮をむき2cm厚の半月切り）
… 25g

ピーマン（乱切り）… 1個

サラダ油…小さじ1

A {
しょうゆ…大さじ1
酢…小さじ1
砂糖…小さじ1
ニンニク（チューブ）…4cm
ショウガ（チューブ）…4cm
長ねぎ（みじん切り）…5cm分程度
}

作り方

① フライパンで焼く

サラダ油を引き中火にかける。片栗粉をまぶしたブリ、レンコン、ピーマンを並べ、両面を焼く。

② 味付ける

Aを混ぜ合わせ、①に加えて煮絡める。

ブリに含まれるDHAは、脳の働きもサポートしてくれます

副菜

ピリ辛風味＆さっぱり味は食欲のない日にも◎

鶏ささみときゅうりのピリ辛和え

60kcal

0000 0659

材料〈2食分〉

鶏ささみ… 1本

酒…小さじ1

きゅうり（縦半分に切り、斜め薄切り）
… 1本（120g）

A {
ニンニク（チューブ）…4cm
鶏がらスープの素（顆粒）
…小さじ1/2
コチュジャン…小さじ1/2
塩…少々
ごま油…小さじ1
}

作り方

① 200Wで2分レンチン

鶏ささみを耐熱容器に置いてフォークで穴をあけ、酒を揉み込み、ラップをして電子レンジで加熱。

② きゅうりに塩をする

分量外の塩小さじ1/2をまぶし、しんなりしたら水気を絞る。

③ 味付ける

①の粗熱が取れたら、手で割いてほぐす。
②、Aと混ぜ合わせる。

鶏肉は200Wのレンジでゆっくり加熱することで、パサつかずしっとり仕上がります

ビタミンAたっぷり
エビの中華炒め定食

392kcal

たんぱく質	**22.1g**
脂質	**11.3g**
糖質	**51.0g**

葉酸補給　ミネラル補給　飽和脂肪酸控えめ

主菜

トマトと卵が相性抜群。エビは低脂質でうれしい

エビとトマトの中華炒め

168kcal

材料〈1食分〉

冷凍むきエビ（下処理済み）…50g
ごま油…小さじ1
トマト（ざく切り）…1/2個（75g）
鶏がらスープの素（顆粒）
　…小さじ1/2
溶き卵…1個分
塩…少々
こしょう…少々

作り方

1 エビを解凍する

分量外の塩水（水100cc＋塩小さじ1/2）に入れて解凍し、水気をふき取る。

2 フライパンで炒める

ごま油を引き中火で熱し、エビに火を通す。トマト、鶏がらスープの素を加えて1〜2分炒める。

3 卵を加える

❷に塩・こしょうを入れて混ぜた溶き卵をまわし入れ、火が通ったら全体に塩・こしょうをして味を調える。

トマトはサッと炒めるのがコツ。油と炒めるとβ-カロテンの吸収率が上がります

副菜

生食できるブロッコリースプラウトで葉酸補給

ブロッコリースプラウトの簡単和風サラダ

37kcal

材料〈1食分〉

ブロッコリースプラウト
　（根元を切る）…10g
カット野菜（サラダ用）…50g
めんつゆ（3倍濃縮）…小さじ1
ポン酢しょうゆ…小さじ1/2
白すりごま…小さじ1
カツオ節…1/2パック

作り方

1 すべて混ぜ合わせる

すべての材料をボウルで混ぜ合わせる。

めんつゆ＋ポン酢で簡単にノンオイルドレッシングが作れます。覚えておくと便利ですよ

皮の脂を活用！
こんがりチキン定食 523kcal

じゅう〜〜っ

たんぱく質	**26.9**g
脂質	**18.4**g
糖質	**59.2**g

塩分控えめ　ビタミンC補給　葉酸補給　むくみ対策

ズッキーニを合わせて食べ応えアップ

ガーリックペッパーチキン

288kcal

0000 0680

材料〈1食分〉

鶏もも肉（皮付き・5cm大にそぎ切り）
　…1/2枚（125g）
ズッキーニ（1cmの輪切り）…1/2本（100g）

A
- 塩…小さじ1/4
- 粗びき黒こしょう…少々

B
- ニンニク（チューブ）…4cm
- みりん…小さじ2
- しょうゆ…小さじ1/2

作り方

① 下味を付ける

鶏肉とズッキーニにAを加えて下味を付ける。

② フライパンで肉を焼く

鶏肉の皮目を下にして並べ、中火にかける。皮から脂が出たら、ズッキーニを並べる。脂が多い場合はペーパーで拭く。

③ 味付ける

皮目がこんがり焼けたら裏返し、ズッキーニも両面を焼く。Bを混ぜて入れ、全体に絡める。

鶏肉の皮から出る脂を使うので、油は引かずに焼けます。皮目で8割がた火を通しましょう

紫キャベツのポリフェノールで抗酸化作用アップ

紫キャベツのラペ

48kcal

0000 0697

材料〈2食分〉

紫キャベツ（スライサーで薄切り）
　…150g

A
- 酢…大さじ1
- はちみつ…小さじ2
- 塩…少々
- こしょう…少々

作り方

① 紫キャベツに塩を入れる

紫キャベツをポリ袋に入れ、塩小さじ1/2（分量外）を入れ、袋を閉じて全体を混ぜる。

② 水気を切り味付ける

①を5分置いてしんなりしたら、袋の上から絞って水気を切る。Aを入れて、袋の外側から揉み、混ぜ合わせる。

酢は食後の血糖値の上昇を抑えてくれます。一番最初によく噛んで食べるといいですよ

☑冷蔵庫で冷やして **完成！**

野
チ ... 野
... 定食

526 kcal

たんぱく質	**15.0** g	
脂質	**15.5** g	
糖質	**81.1** g	

野菜1/2日分以上　　飽和脂肪酸控えめ　　腸活にGOOD　　肌荒れ対策

野菜をたっぷり加えて、噛み応えアップ

ピリ辛チャプチェ

288 kcal

0000 0703

材料〈1食分〉

緑豆春雨…30g
鶏ひき肉…50g
しいたけ（石突きを落とし、薄切り）
　…1枚
玉ねぎ（薄切り）…1/8個（30g）
にんじん（千切り）…10g
ピーマン（千切り）…1個（30g）
ごま油…小さじ1
A ┌ 焼肉のタレ…大さじ1
　│ コチュジャン…小さじ1/2
　│ 塩…少々
　└ こしょう…少々
白いりごま…少々

作り方

①　春雨を戻す

緑豆春雨を熱湯に浸し、柔らかくなったら食べやすい長さに切る。

②　フライパンで炒める

ごま油を引き、鶏ひき肉を炒める。その後、野菜を入れる。

③　味付ける

野菜がしんなりしたら春雨とAを入れ炒め合わせる。

☑白いりごまをふって　**完成！**

手に入りやすい緑豆春雨は、普通の春雨よりのびにくく、食感が長持ちします

（副菜）

水溶性食物繊維が豊富なワカメで便秘対策

ワカメのナムル

51 kcal

0000 0710

材料〈1食分〉

乾燥ワカメ（熱湯で戻し水分を切る）
　…5g
長ねぎ（斜め薄切り）…5cm
A ┌ ニンニク（チューブ）…4cm
　│ 鶏がらスープの素（顆粒）
　│ 　…小さじ1/2
　│ しょうゆ…小さじ1/2
　└ ごま油…小さじ1

作り方

①　すべて混ぜ合わせる

ボウルに、食べやすい大きさに切ったワカメ、長ねぎ、Aを入れて混ぜ合わせる。

塩蔵ワカメを使う場合は、しっかり塩抜きしてから茹でましょう。常備菜にもぴったり

Day 07

カルシウム補給
サケのグラタン定食

476kcal

たんぱく質	**26.7g**
脂質	**14.3g**
糖質	**59.3g**

カルシウム補給　ビタミンC補給　骨の健康サポート

カリフラワーは加熱で壊れにくいビタミンCが豊富

カリフラワーとサケのグラタン

260kcal

0000 0727

材料〈1食分〉

冷凍カリフラワー…80ｇ
生サケ切り身（3cm角に切る）
　…60ｇ
塩…少々
オリーブ油…小さじ1
玉ねぎ（薄切り）…1/8個（30ｇ）
米粉（なければ小麦粉）…小さじ2
A [
　コンソメ（顆粒）…小さじ1/2
　牛乳…50cc
　塩…少々
　こしょう…少々
]
ピザ用チーズ…20ｇ

作り方

❶ カリフラワーを解凍

耐熱容器に入れ、ラップをして600Wの電子レンジで2分加熱。水気を切り半分に切る。

❷ 具材を炒めて煮る

サケは塩をふり、オリーブ油を熱したフライパンで、全面を焼いて一度取り出す。❶と玉ねぎを炒めたらサケを戻し入れ、米粉を全体にふってからＡを加え、トロミが出るまで煮る。

❸ チーズをかけて焼く

❷をグラタン皿に移す。ピザ用チーズをふり、オーブントースターで10分程度焼く。

カリフラワーは、ブロッコリーでも代用可。ソースにはダマになりにくい米粉がおすすめ

（副菜）

もずくの食物繊維と酢が血糖値の上昇を抑える

きゅうりとトマトのもずくマリネ

29kcal

0000 0734

材料〈1食分〉

きゅうり（小さめの乱切り）
　…1/2本（60ｇ）
塩…ふたつまみ
トマト（4等分に切る）…3個
味付もずく…1パック
ショウガ（チューブ）…少々

作り方

❶ きゅうりに塩をふる

全体に塩をふっておく。

❷ 味付ける

❶、トマト、味付もずく、ショウガをボウルに入れて和える。

味付もずくを使うので、材料を切って混ぜるだけ。あと1品ほしいときにもぜひ！

忙しい朝でも5分未満で完成！
あすけん栄養士が食べている
リアル朝ごはん

黄金の納豆ごはん

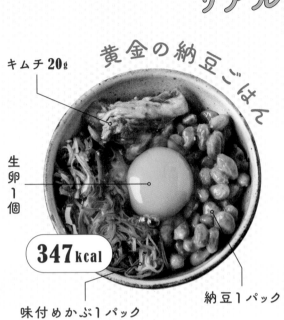

キムチ 20g

生卵1個

味付けめかぶ1パック

納豆1パック

347kcal

茶碗にごはんをよそい、上にすべての材料をのせる。納豆やめかぶのタレをかけて完成。栄養バランスはもちろん味も◎。

枝豆は耐熱容器に入れ600Wの電子レンジで1分加熱。おにぎりの具をすべてごはんに混ぜ、ラップに包んで握る。海苔を添えて。

いろいろ具沢山おにぎり

焼き海苔1枚
（20㎝四方）の1/2

塩昆布ひとつまみ

ごはん 120g

いりごま 小さじ1

261kcal

サケフレーク 大さじ1

冷凍むき枝豆 大さじ1

ツナマヨキャベツトースト

粗びき黒こしょう 適量（お好みで）

千切りキャベツ 40g

ツナ缶（水煮） 30g

194kcal

食パン（6枚切り）1枚

マヨネーズ（カロリーハーフ）6g

食パンに千切りキャベツをのせ、ツナを散らす。マヨネーズをかけ、トースターで焼く。お好みで粗びき黒こしょうをふってどうぞ！

器にシリアルを入れてヨーグルトをかけ、フルーツをトッピング。最後におからパウダーを添えてたんぱく質＆食物繊維をちょい足し！

おからヨーグルト＆シリアル

お好みのシリアル 40g

冷凍ブルーベリー 20g

キウイ1/2個

プレーンヨーグルト 100g

おからパウダー 5g

255kcal

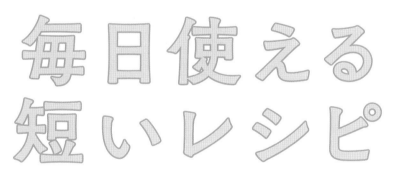

Part

2

簡単すぎて、これしか作りたくない！

和洋中ぜんぶ500kcal台以下。

毎日使える
短いレシピ

和洋中、バリエーション豊かな定食が、どれ
も500kcal台以下！　3ステップで完成する
「短いレシピ」は、忙しい日々のお助けメニュ
ーにも最適です。食べるほどに健康になる栄
養ごはんレシピ、毎日お好きなものをチョイ
スしてさらに続けてみてくださいね。

レンチンで作れる
簡単キッシュ定食

526 kcal

たんぱく質	**29.1**g
脂質	**25.6**g
糖質	**42.2**g

※パンは60g分

野菜1/2日分以上　カルシウム補給　抗酸化作用

電子レンジだけでもこんなに食感よく仕上がる

ふんわり簡単キッシュ

282kcal

0000 0741

材料〈1食分〉

玉ねぎ（薄切り）… 1/8個（30g）
マッシュルーム（薄切り）… 2個
冷凍ほうれん草… 20g
溶き卵… 2個分
A
　塩… 小さじ1/3
　こしょう… 少々
　牛乳… 大さじ1
スライスベーコン（1cm幅に切る）
　… 10g
ミニトマト（4等分に切る）… 2個
ピザ用チーズ… 20g

作り方

① 600Wで2分レンチン

グラタン皿にオーブンシートを敷き、玉ねぎ、マッシュルーム、ほうれん草を並べ、ラップをしてレンジ加熱する。

② 具材を仕上げる

溶き卵にAを入れて混ぜる。①にベーコン、ミニトマトを入れ、卵液を注ぐ。

③ チーズをかけて加熱

②にピザ用チーズをかける。ラップをせず600Wで2分〜2分30秒レンジ加熱。粗熱が取れたら取り出して切り分ける。

卵はビタミンCと食物繊維、炭水化物以外の栄養素を含む万能食品ですよ

シラスを足して、うま味もカルシウムもオン

キャベツのペペロンチーノ風

70kcal

0000 0758

材料〈1食分〉

キャベツ… 2枚（100g）
オリーブ油… 小さじ1
ニンニク（薄切り）… 1/2かけ
唐辛子… 1/2本
シラス… 大さじ1（5g）
A
　塩… 少々
　粗びき黒こしょう… 少々

作り方

① キャベツを切る

キャベツは芯を切り分け、芯は薄切り、葉は大きなざく切りにする。

② フライパンで油などを熱する

フライパンにオリーブ油、ニンニク、唐辛子を入れ、低温で香りが出るまで熱する。

③ 味付ける

②にキャベツを入れて中火に。しんなりしたら、A、シラスを加え、味を調える。

たっぷりキャベツで食べ過ぎ防止。焼き色を付けると香ばしく、おいしく仕上がりますよ

Day 08 🌙 5分漬けるだけ！ごまカツオ丼定食 475kcal

どんっ

たんぱく質	39.2g
脂質	8.7g
糖質	56.1g

EPA・DHA補給　鉄補給　飽和脂肪酸控えめ　肝機能サポート

忙しい夜も5分漬けるだけで立派なごちそうに

ごまカツオ丼

379kcal

0000 0765

材料〈1食分〉

カツオ刺身(切ってあるもの)
　…100ｇ
ブロッコリースプラウト
　(食べやすく切る)…1/4パック
ごはん…120ｇ

A
しょうゆ…大さじ1
みりん…大さじ1

B
ニンニク(チューブ)…2cm
ショウガ(チューブ)…2cm
ごま油…小さじ1/3
白すりごま…小さじ1

作り方

1 漬けダレを作る

Aを耐熱容器に入れ、600Wの電子レンジでラップなしで1分加熱して煮切る。

2 カツオを5分漬ける

1の粗熱が取れたらBを入れ、混ぜる。カツオの刺身を加えて和える。5分置く。

3 盛り付ける

ごはんの上にブロッコリースプラウトを散らし、2をのせる。漬けダレを適宜かける。

カツオはアミノ酸が豊富でうま味が強く、鉄分も摂れる優秀食材。刺身を使えば簡単です

できたて熱々で食べると満足度がさらにアップ

レンジで作る茶碗蒸し

96kcal

0000 0772

材料〈1食分〉

しいたけ(石突きを落とし、薄切り)
　…1枚
カニ風味かまぼこ(ほぐす)…1本
青ねぎ(小口切り)…少々

A
溶き卵…1個分
めんつゆ(3倍濃縮)…大さじ1/2
塩…ひとつまみ
水…70cc

作り方

1 しいたけをレンチン

茶碗蒸しの器にしいたけを入れ、ラップをして600Wで40秒レンジ加熱する。

2 卵液を注ぐ

1にカニ風味かまぼこを入れ、茶こしでこしたAを注ぎ青ねぎを散らす。

3 200Ｗで5分レンチン

2にラップをしレンジ加熱。必要があれば30秒ずつ追加で加熱し、竹串を刺して、透き通った汁が出たら完成。

器の厚みや電子レンジの機種により加熱時間が異なるので、状態を見ながら調整してくださいね

牛肉とブロッコリーで鉄＆亜鉛補給定食 480kcal

たんぱく質	**23.4**g
脂質	**15.8**g
糖質	**58.5**g

じゅうっ

鉄補給　葉酸補給　ミネラル補給　腸活にGOOD

貧血気味の方に、亜鉛・鉄が豊富な牛肉を！

牛肉とブロッコリーの甘辛炒め

244kcal

0000 0789

材料〈1食分〉

牛もも肉薄切り（食べやすく切る）
…70g
ごま油…小さじ1½
玉ねぎ（薄切り）…1/8個（30g）
冷凍ブロッコリー（解凍して
　食べやすく切る）…70g
A [
　しょうゆ…小さじ1
　ショウガ（チューブ）…4cm
　片栗粉…小さじ1
]
B [
　ニンニク（チューブ）…4cm
　砂糖…小さじ1
　しょうゆ…小さじ2
　鶏がらスープの素（顆粒）
　　…小さじ1/4
　水…大さじ1
]

作り方

①　肉に下味を付ける

⟨ 牛肉に **A** を揉み込む。

②　具材をフライパンで焼く

⟨ ごま油を引いて中火で熱し、牛肉と玉ね
　ぎを加える。牛肉をほぐしながら焼く。

③　味付ける

⟨ **②**にブロッコリーを入れて炒め、蓋をし
　て火を通す。**B** を混ぜて加え、炒め合
　わせる。

ビタミンC豊富なブロッコリーは、鉄と亜鉛
の吸収をアップしてくれます

(副菜)

イカの食感を思わせる、韓国風おかず

こんにゃくのイカフェ風

49kcal

0000 0796

材料〈2食分〉

つきこんにゃく（5cmの長さに切る）
…150g
A [
　しょうゆ…大さじ1
　コチュジャン…小さじ1/3
　ニンニク（チューブ）…3cm
　ショウガ（チューブ）…3cm
　はちみつ…小さじ1
　白すりごま…小さじ2
　ごま油…小さじ1/2
]

作り方

①　つきこんにゃくを茹でる

⟨ つきこんにゃくは熱湯で茹でてザルに上
　げ、キッチンペーパーで水気を絞る。

②　味付ける

⟨ ボウルに **A** を合わせ、**①**を入れて和える。

低カロリーで腸の掃除をしてくれるこんにゃ
くはダイエットの味方です

エビのトマトクリーム煮の抗酸化定食

527 kcal

たんぱく質	**26.3** g	
脂質	**19.4** g	
糖質	**61.4** g	

ビタミンC補給　抗酸化作用　肌荒れ対策　肝機能サポート

ごはんにも合うので、丼にしてもGOOD

エビのトマトクリーム煮

233kcal

0000 0802

材料〈1食分〉

冷凍カリフラワー…60g
玉ねぎ（みじん切り）…1/8個（30g）
マッシュルーム（石突きを落とし、薄切り）
　…3個
オリーブ油…小さじ1
水…大さじ2
ムキエビ（背ワタを取ったもの）
　…80g（8尾くらい）

A
　ニンニク（チューブ）…4cm
　ケチャップ…大さじ1
　コンソメ（顆粒）…小さじ1/2

B
　牛乳…50cc
　小麦粉…小さじ1

バター…5g
塩…少々
こしょう…少々

作り方

① カリフラワーをレンチン

600Wで1分レンジ加熱。半分に切る。

② フライパンで炒める

オリーブ油を引いて中火で熱し、玉ねぎを透き通るまで炒める。①とマッシュルームを入れて炒め、水を入れて蓋をし、やわらかくなるまで蒸し煮する。

③ 煮る

②にエビとAを入れ、エビに火を通す。混ぜたBを入れ、トロミが出るまで煮る。バター、塩・こしょうで味を調える。

エビは抗酸化作用のあるアスタキサンチン、肝機能を高めるとされるタウリンを含みます

ベーコンから出た油とうま味をドレッシングに

ベーコンドレッシングサラダ

107kcal

0000 0819

材料〈2食分〉

角切りベーコン（1cm角に切る）…20g
オリーブ油…小さじ2
ニンニク（みじん切り）…1/2かけ

A
　酢…大さじ1
　しょうゆ…小さじ2
　みりん…小さじ2

レタス（食べやすくちぎる）…2枚（60g）
粉チーズ…少々（2g）

レタス以外にもルッコラや春菊など香りが強い葉野菜も相性抜群！

作り方

① フライパンで炒める

オリーブ油とベーコンを入れ、中火にかける。

② ニンニクを加える

ベーコンから油が出るまで加熱し、焼き色が付いたらニンニクを加えて炒める。

③ 味付ける

火を止めてAを入れる。器にレタスを盛り、②をかけ、粉チーズをふる。

貧血さんに最適
こんがり厚揚げ定食 464 kcal

「うまいっ」

たんぱく質	**22.8**g
脂質	**17.5**g
糖質	**51.4**g

塩分控えめ　カルシウム補給　鉄補給　飽和脂肪酸控えめ

低脂質で鉄・カルシウム不足も解消！

こんがり厚揚げの香味ソース

223kcal

0000 0826

材料〈1食分〉

厚揚げ… 1 枚
ごま油…小さじ 1
水菜（3cmの長さに切る）… 1 株
A ┌ 長ねぎ（みじん切り）… 3cm
　├ ポン酢…大さじ 1
　├ 白いりごま…小さじ 1
　├ 砂糖…小さじ1/2
　├ ショウガ（チューブ）…1cm
　└ ニンニク（チューブ）…1cm

作り方

1 フライパンで焼く

> ごま油を引いて中火で熱し、厚揚げを両面こんがりと焼き、食べやすい大きさに切る。

2 盛り付ける

> 器に水菜を盛り、❶をのせ、A を混ぜてかける。

> 厚揚げはビタミンC豊富な水菜と合わせることで、鉄の吸収がアップしますよ

アサリ水煮缶でさらに鉄分補給。加熱なしでOK

白菜とアサリのうま煮

54kcal

0000 0833

材料〈2食分〉

白菜（そぎ切り）… 200 g
アサリ缶（水煮・汁と身に分ける）… 1 缶
酒…大さじ 1
しょうゆ…小さじ 2

作り方

1 煮汁を仕上げる

> 耐熱容器に白菜、アサリ水煮缶の汁、酒、しょうゆを入れ、600Wの電子レンジで4分加熱。

2 アサリを入れる

> ❶にアサリの身を混ぜる。

> 白菜は加熱することで、カサが減ってたっぷりと食べられ、食物繊維も補給できます

Day 10

夜遅ごはんに◎
サバ缶で野菜蒸し定食

513 kcal

レンジで完成！

たんぱく質	**26.3**g
脂質	**21.8**g
糖質	**54.6**g

脂質代謝サポート　EPA・DHA補給　塩分控えめ　骨の健康サポート

水煮缶といっしょにストックして残業後のごはんに

サバ味噌煮缶と
たっぷり野菜のレンジ蒸し

225kcal

0000 0840

材料〈2食分〉

カット野菜（炒めもの用）…200g
サバ味噌煮缶（身をほぐす）…1缶
ニンニク（チューブ）…1cm

> サバ味噌煮缶はEPA＆DHAのほか、カルシウムやビタミンDも摂れる便利食材ですよ

作り方

1 野菜とサバを並べる

> 平たい耐熱皿にカット野菜を敷き、サバ味噌煮缶のサバをのせる。

2 汁をかける

> 残った汁にニンニクを混ぜてまわしかける。

3 レンチンする

> ❷にふんわりとラップをかけ、600Wの電子レンジで3分30秒加熱する。

しめじのビタミンDとチーズのカルシウムで骨に◎

しめじのペッパーチーズ焼き

101kcal

0000 0857

材料〈1食分〉

しめじ（石突きを落としてほぐす）
　　…1/2パック（50g程度）
粉チーズ…大さじ2
オリーブ油…小さじ1
塩…少々
粗びき黒こしょう…少々
レモン（くし切り）…1/8個（あれば）

作り方

1 味付ける

> 耐熱皿にしめじを入れ、粉チーズをふってオリーブ油をまわしかけ、塩・粗びき黒こしょうをふる。

2 焼く

> オーブントースターで焼き色が付くまで4〜5分焼く。お好みでレモンを添える。

> 焼くだけで簡単に完成。時間がないときでも、もう一品栄養をプラスオンしましょう

満腹食べたい昼に
スープスパ定食

443kcal

たんぱく質	**21.0g**
脂質	**14.7g**
糖質	**55.7g**

野菜1/2日分以上　食物繊維プラス　葉酸補給　肌荒れ対策

主菜＋主食＋スープを一皿に。お腹も心も大満足

たっぷりきのことキャベツの スープスパ

367kcal

0000 0864

材料〈2食分〉

オリーブ油…小さじ1
ニンニク（チューブ）…4cm
角切りベーコン…40g
キャベツ（ざく切り）…200g
しめじ（石突きを落としてほぐす）…80g
水…800cc
コンソメ（固形）…2個
パスタ（乾麺）…130g
粗びき黒こしょう…お好み

作り方

① 炒める
> オリーブ油とニンニクを炒め、香りが出たらベーコンを入れ炒める。

② 味付ける
> ①にキャベツ、しめじ、水を入れ、沸騰したらコンソメを加える。

③ パスタを茹でる
> パスタを半分に折って②に入れ、混ぜながら表記時間通り茹でる。

> パスタは麺類の中で一番、高たんぱくな食材です。スープと一緒に茹でるので時短で完成します

こしょうをふって **完成！**

シーフードミックスは高たんぱく低脂質な優良食材

シーフードマリネ

76kcal

0000 0871

材料〈2食分〉

冷凍シーフードミックス…90g
玉ねぎ（薄切り）…1/2個（100g）
ミニトマト（4等分に切る・トマト可）
　　…2個（30g）
市販のフレンチドレッシング
　　（お好みで。イタリアン
　　　　ドレッシングも合う）…大さじ1

作り方

① 茹でる
> 沸騰した湯にシーフードミックス、玉ねぎを入れて1〜2分茹で、水気を切り冷ます。

② 味付ける
> ①にミニトマトとドレッシングを入れて和える。

> 麺類のメニューで不足しやすいたんぱく質や野菜は、サラダで補給がおすすめです

カロリーカット！
プルコギチキン定食 578kcal

たんぱく質	**41.9**	**g**
脂質	**20.4**	**g**
糖質	**57.5**	**g**

たんぱく質30g以上 　 カルシウム補給 　 ミネラル補給 　 飽和脂肪酸控えめ

牛肉を鶏むね肉にチェンジしてカロリーカット

野菜たっぷりプルコギチキン

207kcal

0000 0888

材料〈1食分〉

鶏むね肉（皮を取る）…100g
カット野菜（炒めもの用）…100g
A ┌ 焼き肉のたれ…大さじ1
  │ コチュジャン…小さじ1
  └ ニンニク（チューブ）…1cm
ごま油…小さじ1
白いりごま…適量

コチュジャンがない場合は省略してOKです。その分、焼き肉のたれで調整してくださいね

作り方

❶ 肉を切る

鶏むね肉は半分の厚さにし、1cm幅の薄いそぎ切りにする。

❷ 味付ける

❶、カット野菜をポリ袋に入れる。Aを加えて袋の上から揉み、冷蔵庫で15〜20分置く。

❸ フライパンで炒める

ごま油を引いて弱めの中火で熱し、❷と白いりごまを炒める。

切って焼くだけ！　足りない日にすぐもう一品

厚揚げの味噌マスタード焼き

184kcal

0000 0895

材料〈1食分〉

厚揚げ（キッチンペーパーで押さえ、
　油をふき取る）…小1枚
塩…少々
こしょう…少々
A ┌ 味噌…小さじ1
  │ 粒マスタード…小さじ1
  └ みりん…小さじ1/2
粉チーズ…適量
白いりごま…少々

作り方

❶ 厚揚げを切る

厚揚げは食べやすい大きさに切り、塩・こしょうをふる。

❷ 焼く

❶にAを混ぜて塗り、粉チーズをふってオーブントースターで4〜5分焼く。

☑ 白いりごまをふって **完成！**

厚揚げは高たんぱく低脂質なだけではなく、鉄やカルシウムが豊富ですよ

レンジで簡単!
辛くない麻婆白菜定食

390 kcal

たんぱく質	**15.6 g**
脂質	**11.8 g**
糖質	**55.7 g**

糖質代謝サポート　野菜1/2日分以上　葉酸補給　肌荒れ対策

火を使わずにボリュームおかずが完成

麻婆白菜

180kcal

`0000 0901`

材料〈1食分〉

豚ひき肉…50g
白菜（ざく切り）…150g

A ┌ 味噌…大さじ1/2
　├ しょうゆ…小さじ1
　├ 砂糖…小さじ1/2
　├ ごま油…小さじ1/2
　├ ニンニク（チューブ）…1cm
　└ ショウガ（チューブ）…1cm

水溶き片栗粉
┌ 片栗粉…小さじ1
└ 水…小さじ1

作り方

❶ 肉と野菜を混ぜる

耐熱ボウルでひき肉、Aを混ぜ、白菜を加えて合わせる。

❷ 600Wで4分加熱

❶にふんわりラップして電子レンジで加熱し、いったん取り出す。

❸ トロミをつける

❷に水溶き片栗粉をまわし入れてよく混ぜ、再びラップして600Wで30秒レンジ加熱する。

脂質多めのひき肉は、たっぷりの野菜と組み合わせると量が少なくても満足できますよ

めんつゆベースの汁に漬け込むだけ

大根とミョウガのピクルス

23kcal

`0000 0918`

材料〈4食分〉

大根（スティック状に切る）…100g
きゅうり（スティック状に切る）…1本
ミョウガ（縦半分に切る）…3本
めんつゆ（3倍濃縮）…大さじ2
酢…大さじ2
水…大さじ1
赤唐辛子（輪切り）…適量

作り方

❶ すべて混ぜ合わせる

ジッパー付き保存袋にすべての材料を入れて空気を抜いて口を閉じ、冷蔵庫で30分以上置く。

スティック状の野菜は噛み応えがあり、食べすぎ防止にもなります。一晩置くと味がなじんでおいしいですよ

512kcal

うまいっ

たんぱく質	**26.2**g	
脂質	**22.0**g	
糖質	**55.6**g	

脂質代謝サポート　EPA・DHA補給　食物繊維プラス　骨の健康サポート

大根おろしの酵素で消化をサポート

さっぱりブリとなすのおろし煮

259kcal

材料〈1 食分〉

なす… 1 本（70 g ）
ブリ切り身（水分をふき取り、
　3 等分に切る）… 1 切れ（約80 g ）
塩…少々
サラダ油…小さじ1
めんつゆ（ 3 倍濃縮）…大さじ1
水…大さじ1
大根（すりおろし）…50 g
ショウガ（チューブ）…4 cm

ブリは切り身の厚さに合わせて加熱時間を調整し、しっかり火を通してくださいね

作り方

❶ 600Ｗで2〜3分加熱

なすはヘタを取りラップで包み、やわらかくなるまで電子レンジで加熱。粗熱が冷めたら、乱切りに。

❷ フライパンで魚を焼く

ブリに塩少々をふる。フライパンにサラダ油を引いて中火で熱し、ブリを両面焼く。

❸ 仕上げる

❷を弱火にし、蓋をして中まで火を通す。❶とめんつゆ、水、大根おろしを入れて、さっと温める。

☑ショウガをのせて **完成！**

魚肉ソーセージとマヨネーズが相性ぴったり

レタスとソーセージのマヨ炒め

66kcal

材料〈1 食分〉

マヨネーズ（カロリーハーフ）
　…小さじ1
魚肉ソーセージ（半月斜め薄切り）
　…1/2本（30 g ）
レタス（食べやすくちぎる）
　… 2 枚（50 g ）
しょうゆ…小さじ1/2
こしょう…少々

作り方

❶ フライパンで炒める

マヨネーズを入れて中火にかけ、溶けてきたら魚肉ソーセージを炒める。

❷ 味付ける

❶にレタスを加え、さっと炒める。しょうゆとこしょうで味を調える。

手軽にたんぱく質をプラスできる魚肉ソーセージはストックしておくと便利です

やわらかしっとり
鶏ささみのピカタ定食

491kcal

たんぱく質	**37.6**g
脂質	**10.7**g
糖質	**60.2**g

たんぱく質30g以上　飽和脂肪酸控えめ　むくみ対策　肌荒れ対策

ダイエットの定番、ささみが主役おかずに

やわらか鶏ささみのピカタ

245kcal

0000 0949

材料〈1食分〉

鶏ささみ（そぎ切り）
　…2枚（110ｇ）

A ┌ 塩…少々
　│ こしょう…少々
　└ 片栗粉…小さじ1

オリーブ油…小さじ1

溶き卵…1個分

冷凍インゲン（解凍し
　食べやすく切る）…4本（20ｇ）

ミニトマト…2個

ケチャップ…小さじ2

作り方

① フライパンで肉を焼く

ささみに A をまぶす。フライパンにオリーブ油を引き、中火で熱する。ささみを溶き卵にくぐらせ、並べる。

② さらに焼く

❶の肉を裏返し、再び溶き卵にくぐらせ並べる。これを卵がなくなるまで繰り返し、両面を焼く。インゲンも横で焼き、塩少々をふる。

☑ インゲンとミニトマトを添え、ケチャップをかけて **完成！**

ささみに片栗粉をまぶして調理すれば、肉の水分が抜けずしっとり仕上がります

混ぜておくだけで完成！　らくちん漬け物

切干のはりはり風

59kcal

0000 0956

材料〈1食分〉

切干大根（洗って絞り、5cm幅に切る）
　…15ｇ（乾燥した状態）

塩昆布…3ｇ

ポン酢しょうゆ（市販品）
　…大さじ1

水…大さじ1

作り方

① すべて混ぜて漬ける

ポリ袋にすべての材料を入れて揉む。20分くらい冷蔵庫で冷やし、味をなじませる。

切干大根は保存しやすく調理にも使いやすい上に、栄養も豊富なスーパー食材です

肝臓をいたわる
海鮮オイマヨ炒め定食

409kcal

どんっ

たんぱく質	**25.0**g	
脂質	**8.5**g	
糖質	**54.4**g	

食物繊維プラス 抗酸化作用 むくみ対策 肝機能サポート

肝臓をいたわるタウリンを補給。お酒のおつまみにも！

海鮮とブロッコリーのオイマヨ炒め

149kcal

0000 0963

材料〈1食分〉

冷凍ブロッコリー…80g
ごま油…小さじ1/2
冷凍シーフードミックス
　（水200cc＋塩小さじ1に10分入れ
　解凍し、水気をふき取る）…100g
A ┌ オイスターソース
　│ 　…大さじ1/2
　└ マヨネーズ…小さじ1
塩…少々
こしょう…少々

作り方

1 蒸し焼きする
> フライパンにブロッコリー、水大さじ1（分量外）を入れて弱めの中火にかけ、蓋をして2分蒸し焼きにする。

2 炒める
> ①を強火にし、水気が飛んだらごま油を入れ、シーフードミックスを炒める。

3 味付ける
> ②に火が通ったらAを加えて炒め、塩・こしょうで味を調える。

> マヨネーズのちょい足しで満足感アップ。ブロッコリーのβ-カロテンの吸収もサポートします

じゃがいもに含まれるビタミンCは加熱しても壊れにくい！

じゃがいもとにんじんの金平

73kcal

0000 0970

材料〈2食分〉

じゃがいも（細切り）
　…1個(100g)
にんじん（細切り）…1/3本(70g)
A ┌ しょうゆ…小さじ2
　│ みりん…小さじ2
　│ ごま油…小さじ1/2
　│ 和風だし（顆粒）…小さじ1/4
　└ 白すりごま…大さじ1/2

作り方

1 水にさらす
> じゃがいもは水に1～2分さらして水気を切る。

2 600Wで3分加熱
> 耐熱ボウルにじゃがいも、にんじん、Aを入れてよく混ぜ、ふんわりとラップをして電子レンジ加熱する。

3 再び電子レンジ加熱
> ②を箸でよく混ぜ、再びラップをかけて600Wで1分レンジ加熱し、そのまま5分置く。

> ダイエット中は避けがちなじゃがいもですが、実は食物繊維やビタミンCも豊富です

腸から温まる
鶏のショウガ粥定食

561kcal

ほっこり…

たんぱく質	**30.7**g
脂質	**19.8**g
糖質	**61.8**g

食物繊維プラス　抗酸化作用　むくみ対策　肌荒れ対策

胃腸にやさしくカラダを温める効果が

体ポカポカ！鶏ショウガ粥

256kcal

0000 0987

材料〈1食分〉

ごはん…100g
サラダチキン
　（市販品で可・手でほぐす）…60g
豆苗（食べやすく切る）…30g
A {
　水…300cc
　鶏がらスープの素（顆粒）
　　…小さじ1弱
　ショウガ（チューブ）…8cm
}
ごま油…小さじ1/2

作り方

1 ごはんを煮る
　鍋にごはんとAを入れて中火にかけ、5分ほど煮立たせる。

2 600Wで1分加熱
　サラダチキンと豆苗を耐熱容器に入れ、電子レンジで加熱する。

3 盛り付ける
　❶と❷をお椀に盛り、ごま油をかける。

包丁＆まな板なしで作れます。たんぱく質もしっかり摂れて満足感も十分です

ポリ袋で混ぜて焼くだけ！　洗い物も出ず◎

じゃがいものチーズ焼き

305kcal

0000 0994

材料〈1食分〉

じゃがいも（千切り）…1個（100g）
キャベツ（千切り）…50g
スライスベーコン（千切り）…10g
A {
　お好きなチーズ…10g
　片栗粉…大さじ1
　小麦粉…大さじ1
　卵…1個
　塩…少々
　こしょう…少々
}
バター…5g

作り方

1 味付ける
　じゃがいも、キャベツ、ベーコン、Aをポリ袋に入れる。空気を入れながら上をねじり、袋をふる。

2 フライパンで焼く
　フライパンにバターを入れ、中火で熱する。❶を入れて好きな形に整え、片面5分ずつ焼く。

好きな食材を足してアレンジしてみてください。冷凍保存もできますよ

Day 14 魚料理をもっと手軽に タラのレンジ蒸し定食

472kcal

たんぱく質	**22.7**	g
脂質	**18.6**	g
糖質	**51.1**	g

糖質代謝サポート　塩分控えめ　ビタミンC補給　葉酸補給

高たんぱく低脂質のタラはダイエットの味方

タラとベーコンのレンジ蒸し

188kcal

0000 1007

材料〈1食分〉

白菜（1cm幅に切る）… 1枚（80g）
生タラ…1切れ（80g）
スライスベーコン（1cm幅に切る）
　…20g

A ┌ 白ワイン…小さじ1
　│ 粗びき黒こしょう…少々
　│ ドライバジル（あれば）…少々
　└ オリーブ油…小さじ1

タラのビタミンB12は血を作る際に必要。鉄や葉酸とともに貧血対策におすすめです

作り方

1 白菜に塩をふる

白菜は分量外の塩小さじ1/2をふり、しばらく置いてしんなりしたら、水気をしっかり絞る。

2 味付ける

耐熱容器に白菜を敷き、タラ、ベーコンをのせる。Aの材料を上から順番にふる。

3 電子レンジ加熱する

❷にラップをかけ、600Wの電子レンジで2分〜2分30秒加熱する。

青海苔の風味でカリフラワーをたっぷり食べられる

カリフラワーの青海苔ソテー

97kcal

0000 1014

材料〈1食分〉

冷凍カリフラワー…80g

A ┌ 青海苔…小さじ1
　│ 片栗粉…小さじ2
　└ 塩…少々（1g）
オリーブ油…小さじ1½

カリフラワーはビタミンCが豊富で、美容におすすめの食材です。冷凍なら手軽ですよ

作り方

1 カリフラワーを解凍

耐熱容器に入れ、ラップをして600Wの電子レンジで2分加熱する。キッチンペーパーで押さえて水分を取る。

2 味付ける

ポリ袋に❶とAを入れる。封をしてふり、全体にまんべんなくまぶす。

3 フライパンで焼く

オリーブ油を引いて中火で熱し、全体に火が通るよう裏返しながら焼く。

スピーディに完成！
サバ缶キムチ炒め定食

420kcal

レンジで完成！！

たんぱく質	**25.1g**
脂質	**15.3g**
糖質	**46.1g**

EPA・DHA補給　カルシウム補給　ビタミンC補給　腸活にGOOD

ごはんにもお酒にも合う、サバ缶レシピ

サバ缶のキムチ炒め

195kcal

0000 1021

材料〈2食分〉

サバ水煮缶(汁気を切る)…1缶
ごま油…小さじ1
にら(3cm長に切る)…1/2束
キムチ(ざく切り)…50g
しょうゆ…小さじ1/2

作り方

① サバを炒める

> フライパンにごま油を引き中火で熱し、サバ缶をほぐしながら炒める。

② 味付ける

> ①ににら、キムチを加えてサッと炒めたら、しょうゆを加えて炒め合わせる。

> 調理に手間がかかるからと避けがちな魚は缶詰を活用して出番を増やしましょう

レンジで簡単！　余熱活用でビタミンCを守ろう

ピーマンの塩昆布和え

38kcal

0000 1038

材料〈1食分〉

ピーマン(千切り)…2個
ごま油…小さじ1/2
しょうゆ…小さじ1/2
塩昆布…ひとつまみ(1g)
白いりごま…適量

作り方

① 材料をボウルに入れる

> ピーマン、ごま油、しょうゆを耐熱ボウルに入れる。

② 電子レンジで加熱

> ①にふんわりとラップをかけ、600Wの電子レンジで50秒～1分加熱する。

③ 仕上げる

> ②に塩昆布、白いりごまを加えて混ぜる。

> ピーマンは加熱しすぎず食感とビタミンCを残して。5～10分ほど置くと味がなじんでおいしいですよ

Day 15 🌙 糖質オフにアレンジ 油揚げギョーザ定食

513 kcal

うまいっ

たんぱく質	**30.3**g
脂質	**23.7**g
糖質	**48.0**g

糖質代謝サポート　鉄補給　葉酸補給　イソフラボン補給

ギョーザの皮を低糖質な油揚げにチェンジ

油揚げギョーザ

284kcal

```
0000 1045
```

材料〈1食分〉

油揚げ… 1枚（20g）
豚ひき肉…80g

A
- オイスターソース…小さじ1
- ごま油…小さじ1/2
- ショウガ（チューブ）…2cm
- ニンニク（チューブ）…2cm

キャベツ（みじん切り）…1/2枚（25g）
にら（みじん切り）…1/5束（20g）

B
- しょうゆ…小さじ1
- 酢…小さじ1

作り方

❶ 油揚げを袋にする

油揚げはキッチンばさみで半分に切り、内側を開いて袋状にする。

❷ 肉ダネを作る

ポリ袋に豚ひき肉とＡを入れ、上から揉んでこねる。混ざったらキャベツとにらを入れてなじませる。

❸ フライパンで焼く

❷のポリ袋の1か所を切り、❶の油揚げに均等に詰め、口をつまようじでとじる。フライパンを弱中火で熱し、蓋をして両面を計10分ほど焼く。

❹ 仕上げる

❸に火が通ったら最後は蓋を取り、カリッと焼き上げる。Ｂを合わせてタレを作る。

油揚げは菜箸で上からコロコロして伸ばすと、開きやすくなりますよ

☑ようじを取り、食べやすく切って **完成！**

噛み応えのあるインゲンが、早食いをストップ

インゲンとツナのからし和え

42kcal

```
0000 1052
```

材料〈2食分〉

冷凍インゲン…100g
ツナ（ノンオイル）…70g

A
- しょうゆ…小さじ1
- 練りからし（チューブ）…2cm

ツナ缶の汁もうま味があるので、調味料代わりに活用しましょう

作り方

❶ インゲンを解凍

耐熱容器に入れてラップをし、600Wの電子レンジで2分加熱。冷水で冷まし、水気を切って5cm幅に切る。

❷ ボウルで和える

ツナ缶（汁ごと）と❶、Ａを混ぜ合わせる。

Day 16 具沢山で食べ応え◎
エビチリ定食

531 kcal

たんぱく質	**29.1**g
脂質	**20.3**g
糖質	**58.0**g

カルシウム補給　鉄補給　飽和脂肪酸控えめ　イソフラボン補給

（主菜）

レンチンなすを加えて食感とカサをプラス

エビと厚揚げのチリソース

281kcal

材料〈1食分〉

なす… 1本（70g）
厚揚げ（縦半分に切り、1cm厚に切る）…100g
ムキエビ（背ワタを取ったもの）
　…50g（5尾くらい）

A
　ごま油…小さじ1
　ニンニク（チューブ）…4cm
　ショウガ（チューブ）…4cm
　長ねぎ（みじん切り）…5cm
　豆板醤…小さじ1/4

B
　ケチャップ…小さじ2
　しょうゆ…小さじ1
　砂糖…小さじ1
　鶏がらスープの素（顆粒）
　　…小さじ1/4
　水…大さじ2

水溶き片栗粉
　片栗粉…小さじ1
　水…大さじ1

作り方

1 なすをレンチン
　なすはヘタを取ってラップに包み、600W
　の電子レンジで1〜2分加熱した後、乱
　切りにする。

2 フライパンで炒める
　混ぜておいたAを入れ、香りが出るまで
　炒めたら、厚揚げ、エビ、なすを入れる。

3 仕上げる
　エビの表面が白くなったらBを混ぜて入
　れ、絡める。蓋をしてエビに火を通す。
　水溶き片栗粉を入れ、トロミをつける。

厚揚げは水切りいらずですぐに調理できて便利。
調味料は混ぜておいて、手早く仕上げます

（副菜）

もやしはレンジ加熱。鍋いらずで完成

もやしとハムのナムル

63kcal

材料〈2食分〉

もやし… 1パック（200g）
ハム（千切り）… 2枚

A
　ニンニク（チューブ）…3cm
　鶏がらスープの素（顆粒）…小さじ1/2
　白いりごま…少々
　塩…少々
　ごま油…小さじ1

作り方

1 600Wで3分加熱
　もやしは耐熱ボウルに入れ、ラップをし
　て電子レンジ加熱。流水で冷まし、しっ
　かり水気を絞る。

2 すべて和える
　ボウルに①、ハム、Aを入れて和える。

歯応えシャキシャキのもやしは早
食い予防に。たっぷり食べても安
心で、翌日もおいしいですよ

お疲れの夜に！
豚キャベツ蒸し定食 516kcal

たんぱく質	21.3g
脂質	22.2g
糖質	54.8g

糖質代謝サポート　塩分控えめ　葉酸補給　肌荒れ対策

焼き肉のたれ＋ごまドレッシングの簡単タレが絶品

豚肉のキャベツ蒸し

288kcal

0000 1083

材料〈1食分〉

キャベツ（千切り）…80 g
豚ロース肉薄切り…80 g
酒…大さじ1
青ねぎ（小口切り）…適量

A
┌ 焼き肉のたれ…大さじ1/2
│ ごまドレッシング…大さじ1/2
└ 白すりごま…小さじ1

作り方

❶ フライパンにセット

千切りキャベツを広げた上に、豚肉を広げてのせ、酒をまわしかける。

❷ 肉を蒸し焼き

❶を弱めの中火にかけ、蓋をして約3〜4分火を通す。青ねぎを散らす。

❸ タレを作る

Aをあわせて小皿に入れ、❷をつけながら食べる。

胃粘膜を守るキャベジンやビタミンCを含むキャベツは、お疲れ気味の日にぜひ摂りたい野菜

ごま油がトマトのβ-カロテンとリコピンの吸収をアップ

トマトのしそポン酢和え

41kcal

0000 1090

材料〈1食分〉

トマト（ざく切り）
　…1/2個（75 g）

A
┌ ポン酢…小さじ1
│ ごま油…小さじ1/2
└ 砂糖…少々
大葉（千切り）… 2枚

作り方

❶ 和える

ポリ袋にトマト、Aを入れて、袋の上から軽く揉み、5分ほど置いて味をなじませる。

☑大葉を飾って **完成！**

5分ほどで味がなじみますが、30分ほど冷蔵庫に置くとさらにおいしいですよ

手軽にたんぱく質補給
塩昆布チキン定食 **452kcal**

レンジで完成！

たんぱく質	**39.1**	g
脂質	**6.5**	g
糖質	**56.8**	g

たんぱく質30g以上　食物繊維プラス　飽和脂肪酸控えめ　抗酸化作用

（ 主菜 ）

レンチン10分で完成！　忙しい日のレパートリーに

レンジでさっぱり塩昆布チキン

193kcal

0000 1106

材料〈2食分〉

鶏むね肉（皮を取り一口大のそぎ切り）
　…1枚
冷凍ブロッコリー…120g
塩昆布…5g

A ┌ ポン酢しょうゆ
　│　…大さじ1½
　│ みりん…大さじ1
　└ 白いりごま…大さじ1/2

作り方

❶ 味付ける

> 耐熱ボウルに鶏肉、ブロッコリー、塩昆布、Aを入れてよく混ぜる。

❷ 600Wで3分加熱

> ❶にふんわりラップして電子レンジで加熱する。加熱後、鶏肉を裏返す。

❸ さらに600Wで2〜3分

> ❷に再びラップをかけ、鶏肉に火が通るまで加熱。5分ほどそのままにして蒸らす。

> 鶏肉の大きさにより加熱時間が異なります。様子を見て時間を追加してくださいね

（ 副菜 ）

豚汁用のカット野菜を使えばあっという間に完成

お麩と野菜の豚汁風

72kcal

0000 1113

材料〈2食分〉

カット野菜（豚汁用）…150g
だし汁（顆粒の和風だし2g
　＋水300cc）…300cc
味噌…大さじ1
焼き麩…8〜10個
ごま油…小さじ1

> 最後に隠し味としてごま油をプラスすることで、一気にコクがアップしますよ

作り方

❶ 野菜を煮る

> 鍋にカット野菜、だし汁を入れて強火にかけて沸かし、沸騰したら弱火にして3分煮込む。

❷ 味噌を溶かす

> ❶に味噌を溶かし入れて火を止め、麩を加えてごま油をまわしかける。

美肌へと導く
マグロ＆アボカド丼定食

523 kcal

どん

たんぱく質	**32.1**	g
脂質	**20.2**	g
糖質	**51.9**	g

食物繊維プラス イソフラボン補給 むくみ対策 肌荒れ対策

ビタミンC＆Eを含むアボカドが美肌を作る

マグロとアボカドのピリ辛漬け丼

450kcal

0000 1120

材料〈1食分〉

マグロ（刺身用さく・2cmの角切り）
　…80g
アボカド（2cmの角切り）…1/2個
A ┌ しょうゆ…大さじ1/2
　│ コチュジャン…小さじ1/2
　│ ごま油…小さじ1/2
　│ 白いりごま…小さじ1
　└ ニンニク（チューブ）…1cm
ごはん…120g
刻み海苔…適量

作り方

1 具を作る

> ボウルにマグロ、アボカド、A を入れてよく混ぜる。

2 盛り付ける

> ごはんの上に❶をのせ、刻み海苔を散らす。

> たんぱく質や鉄を含むマグロも美肌を後押し。コチュジャンがない場合は、しょうゆ小さじ2で代用してくださいね

（副菜）

舞茸で食物繊維をプラス。腸活でさらに美肌へ

ねぎと舞茸の豆乳スープ

73kcal

0000 1137

材料〈2食分〉

舞茸（石突きを落としてほぐす）
　…1パック
長ねぎ（斜め薄切り）…1/2本
サラダ油…小さじ1/2
水…100cc
鶏がらスープの素（顆粒）
　…大さじ1/2
豆乳…200cc
しょうゆ…小さじ1/2
ショウガ（チューブ）…2cm
塩…少々
こしょう…少々

作り方

1 具材を炒める

> 鍋にサラダ油を引いて弱中火で熱し、舞茸、長ねぎを炒める。

2 具材を茹でる

> しんなりしたら水、鶏がらスープの素を入れ煮立たせる。

3 味付ける

> ❷に豆乳、しょうゆ、ショウガを加えて沸騰しないように温め、塩・こしょうで味を調える。

> 豆乳に含まれる大豆イソフラボンは、体内で女性ホルモンと似た働きをしてくれます

Day 18 ☀ おうちでエスニック バインセオ風定食

521kcal

たんぱく質	**29.6**g
脂質	**19.6**g
糖質	**53.5**g

糖質代謝サポート　食物繊維プラス　抗酸化作用　むくみ対策

78

ベトナム料理を自宅で手軽に再現できる

肉野菜炒めのバインセオ風

236kcal

0000 1144

材料〈1食分〉

卵… 1 個
サラダ油…小さじ 1
豚こま切れ肉…30 g
ムキエビ (背ワタを取ったもの)
　…30 g
もやし…1/3 パック (70 g 程度)
にら…1/5 束 (20 g 程度)
塩…小さじ1/3
A ┌ 片栗粉…小さじ1/2
　└ 水…小さじ 1
B ┌ ナンプラー…小さじ 1
　│ 砂糖…小さじ1/2
　│ 水…小さじ 1
　│ レモン汁…小さじ 1
　│ ニンニク (チューブ)…少々
　└ 唐辛子 (輪切り)…少々
パクチー (お好みで)…少々

作り方

① 薄焼き卵を作る

> ボウルに A を合わせ、卵を入れて溶く。フライパンにサラダ油を引き、薄焼き卵を作って皿に移す。

② 具材を炒める

> フライパンで豚小間、エビを中火で炒め、表面が白くなったらもやしとにらを入れ、さっと炒めて塩で味付ける。

③ 卵で具をはさむ

> 薄焼き卵の手前に②をのせ、卵を半分に折る。混ぜた B をかけ、香菜を添える。

> 本来のバインセオの皮は米粉とココナッツミルクの生地。見た目そっくりな卵で巻いて糖質オフ!

冷凍枝豆を使えば、一年中楽しめる常備菜に

枝豆の梅しょうゆ煮

98kcal

0000 1151

材料〈1食分〉

冷凍枝豆 (さや付き・
端をはさみで切る)…100 g (正味50 g)
梅干し (種を取り、みじん切り)… 1 個
A ┌ 水…100cc
　│ しょうゆ…小さじ 1
　│ みりん…小さじ 1
　└ 砂糖…小さじ1/2

作り方

① 枝豆を煮る

> 鍋に A と枝豆、梅干しを入れ、中火にかける。沸騰したら火を弱め 5 〜 6 分煮る。

② 味を含ませる

> しばらく常温で放置し、味を含ませる。常温もしくは冷やしていただく。

> 枝豆はたんぱく質、ビタミン B₁ が補えて腹持ちもいいので間食にも最適ですよ

ごちそう気分満点 しゃぶしゃぶ鍋定食

535kcal

ほっこり〜

たんぱく質	**28.8**g
脂質	**20.7**g
糖質	**56.0**g

糖質代謝サポート　食物繊維プラス　抗酸化作用　むくみ対策

豚肉は脂少なめの薄切りを選んでカロリーオフ

シャキシャキ豆苗と豚肉のしゃぶしゃぶ鍋

274kcal

0000 1168

材料〈1食分〉

だし昆布…5×5cmを1枚
水…300cc
豚肉ロース肉しゃぶしゃぶ用…80g
豆苗（半分に切る）…1/2パック
しいたけ（石突きを落とす）…2枚
長ねぎ（斜め切り）…10cm
大根おろし…50g
めんつゆ（3倍濃縮）…大さじ1
粉山椒…お好みで

作り方

1 だしを作る

> 鍋にだし昆布と水を入れ、火にかける。

2 しゃぶしゃぶする

> 豚肉や豆苗などの野菜を湯にくぐらせ、めんつゆと大根おろしでいただく。お好みで山椒をふる。

> サッと茹でた豆苗は噛み応えよく満足感◎。大根の酵素が消化をサポートします

ごはんのおとも、サケフレークは立派な調味料

ブロッコリーのサケマヨ和え

74kcal

0000 1175

材料〈1食分〉

冷凍ブロッコリー…60g
A {
　サケフレーク…大さじ1
　マヨネーズ（カロリーハーフ）
　　…大さじ1
　練りからし（チューブ）
　　…3cm
}

作り方

1 ブロッコリーを解凍

> 耐熱容器に入れ、ラップをして600Wの電子レンジで1分加熱する。半分に切る。

2 味付ける

> ボウルにAを合わせ、❶を入れて和える。

> マヨネーズ好きな方は、ダイエット中はカロリーカットタイプの商品がおすすめです

サンマ蒲焼缶を活用
卵とじ丼定食

550kcal

\うまいっ/

たんぱく質	**21.0g**
脂質	**27.5g**
糖質	**54.5g**

EPA・DHA補給　塩分控えめ　抗酸化作用　骨の健康サポート

（主菜）

サンマの蒲焼缶をアレンジしてボリュームアップ

サンマ蒲焼の卵とじ丼

384kcal

0000 1182

材料〈2食分〉

水…大さじ3
めんつゆ（3倍濃縮）…小さじ2
長ねぎ（斜め薄切り）…1/2本
サンマ蒲焼缶…1缶
溶き卵…2個分
ごはん…240g
七味唐辛子や粉山椒
　　…適量（お好みで）

作り方

① フライパンで煮る

　水、めんつゆを入れて中火で煮立たせ、長ねぎとサンマ蒲焼缶を汁ごと入れてひと煮立ちさせる。

② 卵でとじる

　卵をまわし入れて火を通す。ごはんの上にのせる。

☑お好みで七味唐辛子や粉山椒をふって **完成！**

カルシウムとビタミンDを同時に摂れるサンマは骨の健康に◎。不足しがちな鉄も補給できますよ

（副菜）

切って和えるだけで完成

アボカドとトマトのごまポン和え

166kcal

0000 1199

材料〈1食分〉

アボカド（2cm角に切る）…1/2個
ミニトマト（半分に切る）…2個
　┌ ポン酢…小さじ1
A　白すりごま…小さじ1
　└ ごま油…小さじ1/2

作り方

① すべて混ぜる

　アボカド、ミニトマト、Aを混ぜ合わせる。

アボカド×ミニトマトの組み合わせは、美容にいいビタミンCやビタミンEが摂れますよ

豚ひれが活躍！
糖質代謝サポート定食

481kcal

たんぱく質	**29.0g**
脂質	**13.8g**
糖質	**59.4g**

糖質代謝サポート　脂質代謝サポート　食物繊維プラス　ミネラル補給

豚肉のビタミンB1が疲労回復をサポート

豚ひれと舞茸のはちみつソテー

216kcal

0000 1205

材料〈1食分〉

豚ひれブロック（1cmのそぎ切り）
　…100g

A
- 塩…小さじ1/4
- こしょう…少々
- 片栗粉…適量（3g）

オリーブ油…小さじ1

舞茸（ほぐす）…1/2パック（50g）

B
- しょうゆ…小さじ1
- はちみつ…小さじ1
- ニンニク（チューブ）…4cm

ベビーリーフ…1/2パック

作り方

① 肉に下味を付ける

> 豚肉にAをまぶす。

② フライパンで焼く

> オリーブ油を引き、中火で熱して豚肉を並べる。隙間に、舞茸を入れる。

③ 味付ける

> 豚肉に焼き色が付いたら裏返し、全体を炒め合わせる。Bを混ぜて加え、絡める。

☑ベビーリーフの上に盛って **完成！**

> 舞茸のビタミンD量はきのこの中でもトップクラスです

冷蔵庫で3日おいしく保存できる。作り置きに◎

蒸しにんじんのカレー風味

78kcal

0000 1212

材料〈1食分〉

にんじん（皮をむき、拍子木切り）
　…1/2本（100g）

塩…ひとつまみ

A
- カレー粉…小さじ1/2
- 塩…小さじ1/4
- 白すりごま…小さじ1

オリーブ油…小さじ1

作り方

① にんじんを蒸す

> にんじんに塩をまぶし、フライパンに入れ中火にかける。大さじ2（分量外）の水を入れて蒸す。

② 火を通し味付ける

> ❶の水がなくなったら大さじ1（分量外）を加える。竹串がすっと通るまで繰り返し、水分を飛ばしたらAを加え、炒める。仕上げにオリーブ油をかける。

> にんじんは、一手間かけて水を足しつつじっくり蒸し煮すると、甘さが引き立ちますよ

残りごはんで作れる
簡単リゾット定食

458kcal

たんぱく質	**28.9**g
脂質	**18.4**g
糖質	**45.3**g

野菜1/2日分以上　EPA・DHA補給　抗酸化作用　骨の健康サポート

1食で野菜を150gも摂れる、お手軽リゾット

トマたまチーズリゾット

356kcal

0000 1229

材料〈1食分〉

ごはん…100g
トマト（角切り）… 1個（150g）
スライスベーコン（2cm幅に切る）
　…20g
水…150mℓ
コンソメ（固形）…1/2個（2.5g）
卵… 1個
スライスチーズ…1枚

作り方

1 鍋で煮る

小鍋にごはん、トマト、ベーコン、水、コンソメを入れて中火にかける。

2 仕上げる

①が沸騰したら弱火にし、しばらく煮る。水気が少なくなったら卵・チーズを加えて火を止め、余熱で火を通す。

材料のベーコンをノンオイルのツナ缶にチェンジしてもおいしいですよ

レンジでチンして和えるだけ。包丁いらずのレシピ

レンジ蒸しキャベツとサバ缶の和え物

102kcal

0000 1236

材料〈1食分〉

キャベツ（一口大にちぎる）…70g
サバ水煮缶（汁気を切る）…50g
塩…少々
こしょう…少々

作り方

1 600Wで1分加熱

耐熱容器にキャベツを入れ、ふんわりラップをして電子レンジ加熱する。

2 味付ける

①にサバ缶を加えて和える。塩・こしょうで味を調える。

そのまま食べるばかりでは実は飽きやすいサバ缶は、ひと工夫でもっと活用の幅が広がります

晩酌のおともにも◎
ヘルシーおつまみ定食

449kcal

たんぱく質	**17.3**g
脂質	**16.6**g
糖質	**55.3**g

糖質代謝サポート 　野菜1/2日分以上 　葉酸補給 　ミネラル補給

大根＆豚こまを使った節約メニュー

大根と豚肉の甘辛炒め

186kcal

0000 1243

材料〈1食分〉

豚こま切れ肉…50g
大根（5mm幅のいちょう切り）
　…120g
ごま油…小さじ1
A [
　水…100cc
　しょうゆ…大さじ1/2
　みりん…大さじ1/2
　和風だし（顆粒）
　　…小さじ1/4
]
七味唐辛子（お好みで）…少々

作り方

① フライパンで炒める

ごま油を引いて中火で熱し、豚肉を炒める。色が変わったら大根を加えてさらに炒める。

② 煮る

①にAを加えて弱中火にし、汁気がなくなるまで10〜15分ほど煮る。

☑ お好みで七味唐辛子をかけて **完成！**

晩酌のときはたんぱく質とビタミンB1、野菜をたっぷりとれるメニューがおすすめです

カット野菜の袋に材料を入れて振るだけ

カット野菜とさきイカの
シャカシャカ韓国風サラダ

77kcal

0000 1250

材料〈1食分〉

カット野菜（サラダ用）… 1袋（80g）
さきイカ… 2つまみ（5g）
ごま油…小さじ1
しょうゆ…小さじ1/2
コチュジャン…小さじ1/2
白いりごま…小さじ1/2

作り方

① すべて混ぜる

カット野菜の袋にすべての材料を入れ、口を閉じてシャカシャカとふって混ぜる。

コチュジャンがなければ、しょうゆを少し増やしてラー油をたらしてもおいしいですよ

カット野菜フル活用！
イワシ鍋定食

499kcal

レンジで
完成！

たんぱく質	**26.6**g	
脂質	**19.1**g	
糖質	**56.3**g	

野菜1/2日分以上　EPA・DHA補給　骨の健康サポート　肌荒れ対策

缶詰活用！　レンチンのみで鍋を作れます

イワシのショウガ鍋

223kcal

材料〈1食分〉

イワシのショウガ煮（缶詰）… 1 缶
カット野菜（炒めもの用）…100 g

作り方

① 容器に入れる

> 耐熱容器の底に野菜を入れ、上にイワシ
> のショウガ煮缶を汁ごと入れる。

② 600Ｗで3分加熱

> ①にラップをして電子レンジで加熱する。

> イワシのショウが煮がない場合は、イワシの水
> 煮缶に、酒・みりん・砂糖・しょうゆを各大さ
> じ1と、ショウガチューブ2cmを加えても作れ
> ますよ

副菜

余ったカット野菜で、あっという間にもう一品

レンチン野菜の塩昆布和え

89kcal

材料〈1食分〉

カット野菜（炒めもの用）… 100 g
塩昆布…5 g
ごま油…大さじ1/2
ニンニク（チューブ）…0.5cm
白いりごま…少量

作り方

① 600Ｗで2分30秒加熱

> 耐熱容器にカット野菜と大さじ1の水
> （分量外）を入れ、ラップをして電子レ
> ンジで加熱する。

② 味付ける

> ①に塩昆布、ごま油、ニンニク、白いり
> ごまを入れて混ぜる。

> カット野菜の種類は何でもOK！　白菜やキャ
> ベツ、もやしだけで作ってもおいしいですよ

Day 21 低脂質な豚ひれで マスタード焼定食

488kcal

たんぱく質	**32.0g**
脂質	**16.6g**
糖質	**52.8g**

糖質代謝サポート　ビタミンC補給　葉酸補給　ミネラル補給

豚肉で断トツに低脂質な豚ひれはダイエットの味方

豚ひれのマスタード焼き

149kcal

0000 1281

材料〈1食分〉

豚ひれ肉…3切れ
塩…少々
こしょう…少々
薄力粉…適量
オリーブ油…小さじ1/2
粒マスタード…小さじ1
しょうゆ…小さじ1/2
粗びき黒こしょう…少々
ベビーリーフ…適量

作り方

1　肉に下味を付ける

豚肉に塩、こしょうをふり、薄力粉を薄くまぶす。

2　フライパンで肉を焼く

オリーブ油を引いて弱中火で熱し、❶を片面2〜3分ずつ焼く。

3　味付ける

❷に粒マスタード、しょうゆを加えて炒め合わせる。器に盛り、粗びき黒こしょうをふる。

鉄分を含む豚ひれは、貧血予防にもぴったり。薄力粉を薄くまぶすと、やわらかさをキープできますよ

☑ベビーリーフを添えて　**完成！**

（副菜）

キャベツ＆トマトでビタミンCを補給する美容スープ

キャベツとツナのトマトスープ

152kcal

0000 1298

材料〈2食分〉

キャベツ（千切り）…80g
ツナ（ノンオイル・汁気を切る）…1缶
冷凍コーン…大さじ2
トマトジュース（食塩無添加）…200cc
水…100cc
コンソメ（顆粒）…大さじ1/2
オリーブ油…小さじ1
塩…少々
こしょう…少々

作り方

1　鍋に材料を入れる

鍋にキャベツ、ツナ缶、コーン、トマトジュース、水、コンソメを入れる。

2　煮る

❶を強火にかけ、沸騰したら弱火にして3分煮込む。

3　味付ける

❷にオリーブ油をまわし入れ、塩、こしょうで味を調える。

トマトジュースを使うので、簡単にトマトスープが完成。トマトの栄養を手軽に摂れます

☑乾燥パセリをふって　**完成！**

たんぱく質	**24.5**g
脂質	**25.6**g
糖質	**48.7**g

ほっこり…

ビタミンC補給　イソフラボン補給　抗酸化作用　むくみ対策

肉がなくても豆腐と卵でボリュームも満足度も◎

中華風ゴーヤチャンプルー

220kcal

0000 1304

材料〈1食分〉

豆腐…100g
ゴーヤ（薄切り）…1/4本
ごま油…大さじ1/2
A ┌ しょうゆ…小さじ1/2
　│ 鶏がらスープの素（顆粒）
　│ 　…小さじ1/2
　│ 砂糖…小さじ1/2
　│ 豆板醤…小さじ1/2
　└ こしょう…少々
溶き卵…1個分
塩…少々
こしょう…少々

作り方

① 豆腐をレンチン

> 豆腐はキッチンペーパーに包み、耐熱皿に入れて600Wの電子レンジで1分加熱。粗熱が取れたら一口大にちぎる。

② フライパンで炒める

> ごま油を引いて中火で熱し、豆腐を入れて焼き色を付ける。空いたところで、同時にゴーヤを炒める。

③ 味付ける

> ②の具に火が通ったらAを加えて炒め合わせる。塩・こしょうを加えた溶き卵をまわし入れ、火を通す。

> ゴーヤにはカリウムが豊富に含まれます。暑い夏にとくに積極的に食べたい野菜です

しゃきしゃきの水菜でビタミンCを補給

ツナと水菜のナッツサラダ

122kcal

0000 1311

材料〈2食分〉

ツナ（ノンオイル・軽く汁気を切る）
　…1缶
ミックスナッツ（無塩・粗く刻む）
　…10g
A ┌ オリーブ油…大さじ1
　│ 酢…大さじ1
　│ 砂糖…小さじ1/2
　│ 塩…少々
　└ 粗びき黒こしょう…少々
水菜（ざく切り）…60g

作り方

① ボウルで混ぜる

> ボウルにツナ、ミックスナッツ、Aを入れてよく混ぜる。

② 仕上げる

> ①に水菜を加え、サッと混ぜ合わせる。

> ナッツやオリーブ油のビタミンEとツナのDHAで抗酸化対策ができます

納豆ひき肉そぼろの ダブルたんぱく質定食

510kcal

たんぱく質	**22.2**	g
脂質	**20.2**	g
糖質	**57.4**	g

塩分控えめ　食物繊維プラス　腸活にGOOD　肌荒れ対策

ごはんをいっしょに巻いてもおいしい！

納豆ひき肉そぼろのレタス巻き

232kcal

0000 1328

材料〈1食分〉

鶏ひき肉…50g
長ねぎ（みじん切り）…5cm
たくあん（みじん切り）
　…3〜4枚（20g）
ひきわり納豆…1パック（40g）
ごま油…小さじ1
焼肉のタレ…小さじ2
レタス…2枚（50g）

作り方

① 肉を炒める

> フライパンにごま油を引き、中火で熱し、ひき肉を炒める。

② 味付ける

> 肉の色が白くなってきたら、長ねぎ、たくあん、納豆を加えて炒め、焼肉のタレで味付けをする。

③ 仕上げる

> ②を器に盛り、レタスを添える。

> ひきわり納豆を使うとひき肉になじみます。普通の納豆の場合は刻んで使うのがおすすめです

超・低カロリーで食物繊維も摂れるダイエット副菜

エリンギのショウガ味噌炒め

91kcal

0000 1335

材料〈1食分〉

エリンギ（横半分に切って薄切り）
　…1本（60g）
ごま油…小さじ1
A　┌ ショウガ（チューブ）…8cm
　　│ 味噌…小さじ1
　　│ 酒…小さじ1
　　│ はちみつ…小さじ1/2
　　└ こしょう…少々
白いりごま…少々

作り方

① フライパンで炒める

> ごま油を引いて中火で熱し、エリンギを炒める。

② 味付ける

> ①にAを入れて炒め合わせる。

☑白いりごまをふって **完成！**

> エリンギは「白あわびたけ」とも言われ、独特の食感とうま味があります。常備菜に◎

魚嫌いさんこそ試して!
メカジキの
ショウガ焼き定食 458kcal

うまいっ

たんぱく質	**21.2**g
脂質	**12.8**g
糖質	**63.3**g

野菜1/2日分以上　EPA・DHA補給　ビタミンC補給　抗酸化作用

骨がなく淡白なメカジキの切り身は魚嫌いの人に◎

メカジキと玉ねぎのショウガ焼き 219kcal

0000 1342

材料〈1 食分〉

メカジキ切り身（一口大に切る）
　　…1 枚（80 g）

A {
　塩…少々
　こしょう…少々
　片栗粉…小さじ1
}

オリーブ油…小さじ1

玉ねぎ（1cm幅に切る）
　　…1/4個（50 g）

B {
　みりん…大さじ1/2
　砂糖…小さじ1/2
　しょうゆ…小さじ1
　ショウガ（チューブ）…8cm
}

キャベツ（千切り）…50 g

ブロッコリースプラウト
　　…少々（あれば）

作り方

① 魚に下味を付ける

メカジキに A で下味を付け、片栗粉をまぶす。

② フライパンで魚を焼く

オリーブ油を熱し、玉ねぎを炒める。玉ねぎを端によせ、メカジキを並べて両面を焼く。

③ 味付ける

②に B を入れて炒め合わせる。

📖キャベツと盛り付けて　**完成！**

メカジキは焼きすぎると固くなるので気をつけましょう。生サケやブリでも代用できます

トマトより β - カロテンが豊富なミニトマトを利用

ミニトマトのねぎ塩こうじ和え 52kcal

0000 1359

材料〈1 食分〉

ミニトマト（半分に切る）
　　…8 個

長ねぎ（みじん切り）…5cm分

A {
　塩こうじ…小さじ1
　ごま油…小さじ1/2
}

作り方

① すべての材料を和える

ミニトマト、長ねぎ、A をボウルに入れて和える。

発酵食品の塩こうじで腸活を。しっかりとしたうま味で、おかずの味が決まりやすいです

Day 23 🌙 酢と煮て疲労回復！手羽先のすっぱ煮定食

494kcal

たんぱく質	**23.2g**
脂質	**14.0g**
糖質	**65.1g**

糖質代謝サポート ・ 食物繊維プラス ・ ミネラル補給

早食い予防にも一役買う、骨付き肉を利用

手羽先と玉ねぎのすっぱ煮

233kcal

材料〈2食分〉

手羽先… 6本
玉ねぎ（くし切り）… 1/2個（100ｇ）
しめじ（石突きを落とし、ほぐす）
　… 1/2パック
ショウガ（薄切り）… 3枚

A
┌ 砂糖…大さじ1
│ しょうゆ…大さじ2
│ みりん…大さじ1
│ 酢…大さじ2
└ 水…150cc

しょうゆ…小さじ1

酢を入れて煮ると鶏肉がやわらかく仕上がります。酢の酢酸には疲労回復効果もありますよ

作り方

① 鍋に具材を入れる

鍋に手羽先、玉ねぎ、しめじ、ショウガ、Aを入れる。オーブンシートで落とし蓋をし、中火にかける。

② 煮る

①が沸騰したら火を弱め、鍋の蓋もして中火で15分煮る。

③ 仕上げる

蓋と落とし蓋を取り、しょうゆ小さじ1を入れる。約5分、水分を飛ばすように煮る。

（ 副菜 ）

ちくわを加えてたんぱく質＆うま味をプラス

ほうれん草とちくわのごま和え

74kcal

材料〈1食分〉

にんじん（千切り）… 10ｇ
冷凍ほうれん草… 50ｇ
ちくわ（輪切り）… 1本

A
┌ しょうゆ…小さじ1
│ 砂糖…小さじ1/2
│ みりん…小さじ1
└ 白すりごま…小さじ1

冷凍ではなく生のほうれん草を使う場合は、1/4束を茹でてから使ってくださいね

作り方

① 600Ｗで1分加熱

耐熱ボウルににんじんとほうれん草を入れ、ラップをして電子レンジで加熱する。

② 水気を絞る

①の粗熱が取れたら、水気を絞る。

③ 味付ける

ボウルに②、ちくわ、Aを入れて混ぜ合わせる。

たんぱく質おつまみに
鶏むね肉アレンジ定食

495kcal

どんっ

たんぱく質	**37.3g**
脂質	**14.4g**
糖質	**52.4g**

たんぱく質30g以上　葉酸補給　飽和脂肪酸控えめ　肌荒れ対策

長ねぎのアリシンで疲労回復

鶏むね肉のオイスター炒め

188kcal

0000 1380

材料〈1 食分〉

鶏むね肉（皮を取り、一口大の
　そぎ切り）…100 g
塩…少々
片栗粉…適量
ごま油…小さじ 1
長ねぎ（5cm幅に切る）… 1 本

A ┌ オイスターソース…小さじ 1
　│ みりん…小さじ 1
　└ しょうゆ…小さじ1/2

作り方

❶ 肉をフライパンで焼く

鶏肉は塩をふり、片栗粉をまぶす。ごま油を引いて中火で熱し、鶏肉と長ねぎを焼く。

❷ 蒸し焼きにする

鶏肉に焼き色が付いたら裏返し、火を弱めて蓋をし、2〜3分蒸し焼き。

❸ 味付ける

❷の鶏肉に火が通ったら、A をまわし入れて炒め合わせる。

パサつきやすい鶏むね肉をおいしく食べるコツは、片栗粉をまぶして焼くこと！

レンジ加熱でブロッコリーの栄養をキープ

ツナのやみつきブロッコリー

120kcal

0000 1397

材料〈2〜3 食分〉

冷凍ブロッコリー…150 g
ツナ（汁気を切る）… 1 缶
鶏がらスープの素（顆粒）…小さじ 1
ニンニク（チューブ）…1cm
白すりごま…適量

作り方

❶ すべて混ぜる

耐熱ボウルにブロッコリー、ツナ、鶏がらスープの素、ニンニクを入れ、サッと混ぜ合わせる。

❷ レンジ加熱

❶にふんわりとラップし、600Wで 2 分30秒〜 3 分、電子レンジで加熱する。

油分のあるツナ缶と組み合わせることでブロッコリーのβ-カロテンの吸収がアップします

☑ 白すりごまをふって **完成！**

リセット食に最適
タラのフライパン蒸し定食

430kcal

たんぱく質	**26.0**g	
脂質	**9.0**g	
糖質	**55.2**g	

塩分控えめ 　食物繊維プラス 　ビタミンC補給

超低カロリー＆低脂質のタラを活用

タラとキャベツのフライパン蒸し

143kcal

0000 1403

材料〈1食分〉

生タラ… 1切れ
塩…少々
こしょう…少々
キャベツ（食べやすい大きさにちぎる）
　…60ｇ
ミニトマト（ヘタを取る）… 3個
A [
　白ワイン（または酒）…大さじ1
　オリーブ油…小さじ1
　コンソメ（顆粒）…小さじ1/4
　ニンニク（チューブ）…1㎝
　塩…少々
]
乾燥パセリ…少々

作り方

1 魚に下味を付ける
　タラは塩・こしょうをふる。

2 フライパンに入れる
　フライパンにキャベツを敷き、タラ、ミニトマトをのせ、**A** をまわしかける。

3 蒸し焼きする
　❷を弱中火にかけて蓋をし、タラに火が通るまで4〜5分蒸し焼きにする。

☑ 乾燥パセリをふって **完成！**

ミニトマトは加熱するとリコピンの吸収がアップします。包丁いらずだから手軽です

少量のバターとおかかのうま味でより満たされる

じゃがいものおかかバター

100kcal

0000 1410

材料〈1食分〉

じゃがいも（一口大に切る）
　… 1個（100ｇ）
バター…5ｇ
しょうゆ…小さじ1
カツオ節… 1袋

作り方

1 じゃがいもを処理
　じゃがいもは水に2〜3分さらして水気を切り、平らな耐熱皿に並べて水小さじ1（分量外）をふる。

2 じゃがいもをレンチン
　❶にふんわりとラップし、電子レンジ600Wで1分30秒〜2分ほど、やわらかくなるまで加熱する。

3 味付ける
　❷の水気を切り、熱いうちにバター、しょうゆ、カツオ節を混ぜ合わせる。

レンジで簡単に作れる時短レシピ。じゃがいもは長期間保存可能なのでストックすると便利です

節約食材を利用！
鶏肉のごまダレ定食

472kcal

たんぱく質	**37.6**g
脂質	**11.2**g
糖質	**53.9**g

たんぱく質30g以上　　ビタミンC補給　　飽和脂肪酸控えめ　　肌荒れ対策

弱ワット数で加熱することで鶏むね肉もしっとり仕上がる

鶏肉のごまダレかけ

196kcal

0000 1427

材料〈2食分〉

鶏むね肉（皮を取る）
　… 1枚（240g／1人120g）

A
- 酒…大さじ1
- 塩…小さじ1/2

B
- 長ねぎ（みじん切り）…10cm
- しょうゆ…大さじ1
- 砂糖…小さじ1
- ニンニク（チューブ）…4cm
- ショウガ（チューブ）…4cm
- ごま油…小さじ1
- 白すりごま…大さじ1

ベビーリーフ… 1パック

作り方

① 肉に下味を付ける

鶏むね肉は、フォークで穴をあけ、耐熱皿に入れる。Aを揉み込み10分くらい置く。

② 肉をレンチン

①にラップをし、200W（弱）で6分、肉を裏返してさらに6分電子レンジ加熱。そのまま余熱で火を通す。

③ 仕上げる

②から出た鶏の汁とBを混ぜる（C）。②を食べやすく切る。皿にベビーリーフを敷いて鶏肉をのせ、Cをかける。

少量で作るとパサつきやすいので、胸肉1枚分で作ります。常備菜として作ると便利です

家計の味方、ピーマンはビタミンA＆Cが豊富

ちくわとピーマンのしょうゆ炒め

89kcal

0000 1434

材料〈1食分〉

ちくわ（輪切り）… 1本（30g）
ピーマン（5mm幅の薄切り）… 1個
ごま油…小さじ1

A
- しょうゆ…小さじ1
- みりん…小さじ2/3

七味唐辛子… 少々（お好みで）

作り方

① ちくわを炒める

フライパンにごま油を熱し、ちくわを入れて炒める。

② ピーマンも炒める

ピーマンを入れてさらに炒め、Aを加えて絡める。お好みで七味唐辛子をふる。

冷めてもおいしいのでお弁当のおかずにも◎。辛味が苦手な人は七味唐辛子を省いてもOKです

オメガ3脂肪酸で血中脂質対策！サバのケチャップ煮定食

479 kcal

たんぱく質	**20.8**g
脂質	**20.5**g
糖質	**55.2**g

EPA・DHA補給　塩分控えめ　食物繊維プラス　鉄補給

サバの臭みが苦手な人もケチャップ味で食べやすい

サバのケチャップ煮

189kcal

材料〈1食分〉

サバ… 1 切れ
塩…少々
こしょう…少々
薄力粉…適量
サラダ油…小さじ1/2

A ［ ケチャップ…大さじ1/2
　 しょうゆ…小さじ1/2
　 ニンニク（チューブ）…1cm
　 水…50cc ］

乾燥パセリ（あれば）…少々

作り方

① **魚 に 下 味 を 付 け る**

［ サバは塩、こしょうをふり、薄力粉をまぶす。 ］

② **フ ラ イ パ ン で 魚 を 焼 く**

［ サラダ油を引いて中火で熱し、**①**を両面こんがり焼く。**A**を加え、沸騰したら弱火にする。 ］

③ **煮 る**

［ ときどき煮汁をかけながら、汁気がスプーン1杯程度になるまで約3～4分煮る。 ］

［ 血液検査で中性脂肪の値が気になる方に摂ってほしいEPA・DHAがしっかり補える献立です ］

☑乾燥パセリをふって **完成！**

スパイシーな味付けで豆がぱくぱく食べられる

ミックスビーンズの スパイシーサラダ

103kcal

材料〈1食分〉

ミックスビーンズ…25 g
フレンチドレッシング…大さじ1
カレー粉…小さじ1/4
カット野菜（サラダ用・玉ねぎ入り）
　…50 g
粗びき黒こしょう…少々

作り方

① **材 料 を 混 ぜ る**

［ ミックスビーンズ、フレンチドレッシング、カレー粉を混ぜ合わせる。 ］

② **仕 上 げ る**

［ **①**とカット野菜をサッと混ぜ合わせ、粗びき黒こしょうをふる。 ］

［ サラダで生玉ねぎをたっぷり食べると動脈硬化予防にもなりますよ ］

抗酸化食材かぼちゃと豚肉の重ね蒸し定食

511kcal

じゅう～っ

たんぱく質	**27.0**g
脂質	**20.5**g
糖質	**54.8**g

糖質代謝サポート　食物繊維プラス　抗酸化作用

ビタミンA＆E豊富なかぼちゃで抗酸化

かぼちゃと豚肉の重ね蒸し
ポン酢しょうゆがけ

263kcal

0000 1465

材料〈1食分〉

豚ロース肉しゃぶしゃぶ用
　…60g
塩…少々
かぼちゃ（7mm幅の薄切りにし、
　食べやすく切る。カット済み品も可）
　…60g
ピザ用チーズ…20g
ポン酢しょうゆ…大さじ1/2

作り方

①　肉に下味を付ける

豚肉は、かぼちゃの横幅に合わせた長さに切り、塩で下味を付ける。耐熱容器にかぼちゃと豚肉をずらして並べる。

②　レンチンする

①の上にピザ用チーズをふり、ラップをする。600Wで3分、電子レンジ加熱する。

③　味付ける

②に上からポン酢しょうゆをかける。

かぼちゃは糖質は高めですが、β-カロテンや食物繊維も摂れる優秀食材です

食物繊維豊富なしらたきで、お腹の大掃除

しらたきのタラコ炒め

61kcal

0000 1472

材料〈1食分〉

しらたき（あく抜き済み・水で洗い、
　5cmの長さに切る）…100g
タラコ（皮をとりほぐす）
　…1/2腹（25g）
　┌ オリーブ油…小さじ1/2
A　│ しょうゆ…小さじ1/2
　└ レモン汁…小さじ1/2

作り方

①　しらたきを炒める

フライパンにしらたきを入れ、水分がなくなるまで乾煎りする。

②　味付ける

火を止め、タラコを和える。Aを入れて混ぜ合わせる。

しらたきは乾煎りすると味がよくなじみます。レモン汁で臭みを緩和するといいですよ

骨粗しょう症対策に サケの味噌炒め定食

519kcal

レンジで完成！！

たんぱく質	**39.6**g
脂質	**12.5**g
糖質	**61.5**g

脂質代謝サポート　　たんぱく質30g以上　　ビタミンC補給　　骨の健康サポート

(主菜)

ビタミンDとビタミンKを摂って骨粗しょう症対策

サケとほうれん草の味噌炒め

240kcal

0000 1489

材料〈1 食分〉

生サケ切り身 (一口大のそぎ切り)
　… 1 切れ
薄力粉… 適量
ごま油… 小さじ1/2
しめじ (石突きを落とし、ほぐす)
　… 1/2 パック
冷凍ほうれん草… 30 g
A｛
　白すりごま… 小さじ1
　味噌… 小さじ1
　みりん… 小さじ1
　しょうゆ… 小さじ1/2
　砂糖… 小さじ1/2

作り方

① フライパンで魚を焼く

サケは薄力粉をまぶす。フライパンにごま油を引き中火で熱し、サケを焼く。

② 蒸し焼きする

①のサケに焼き色が付いたら裏返し、しめじを入れて蓋をし、弱火で3〜4分蒸し焼きにする。

③ 味付ける

②に火が通ったらほうれん草、A を入れて炒め合わせる。

ほうれん草に豊富なビタミンKも骨の健康に大切な栄養素です

(副菜)

牛乳はカルシウムの供給源。副菜でも骨を健康に！

白菜の中華風クリーム煮

92kcal

0000 1496

材料〈1 食分〉

白菜 (ざく切り)… 80 g
カニ風味かまぼこ (ほぐす)… 2 本
水… 大さじ1
鶏がらスープの素 (顆粒)… 小さじ1/2
A｛
　牛乳… 80cc
　片栗粉… 小さじ1
粗びき黒こしょう… 少々

作り方

① 具材を容器に入れる

耐熱容器に白菜、カニ風味かまぼこ、水、鶏がらスープの素を入れる。

② 600Wで2分加熱

①にふんわりとラップをして電子レンジで加熱する。A を加えてよく混ぜる。

③ さらにレンチン

②にラップをせず600Wで40〜50秒、ふつふつとするまで電子レンジで加熱。

カニ風味かまぼこはたんぱく質に加えてうま味も補える便利な食材です

☑粗びき黒こしょうをふって **完成！**

気軽にごちそう気分
しいたけシューマイ定食

482kcal

たんぱく質	**22.6g**
脂質	**19.7g**
糖質	**55.4g**

野菜1/2日分以上　　食物繊維プラス　　ミネラル補給

皮をしいたけに変えてボリュームアップ、カロリーダウン

しいたけシューマイ

210kcal

0000 1502

材料〈1食分〉

しいたけ（軸部分はAで使用）… 4 枚
片栗粉…少々

A
- 豚ひき肉…80 g
- しいたけの軸（石突きを落とし、みじん切り）… 4 個
- 長ねぎ（みじん切り）…3㎝
- オイスターソース…小さじ1
- 砂糖…小さじ1/2
- しょうゆ…小さじ1/2
- ショウガ（チューブ）…4㎝
- 片栗粉…小さじ1/2

からししょうゆ…少々（お好みで）

作り方

① 肉ダネを作る

しいたけの傘の内側に片栗粉をふる。ポリ袋にAの材料を入れて、外側からしっかりと揉む。

② 肉ダネを絞る

①のポリ袋の下の端1か所を切り、しいたけの傘の内側にあんを絞る。手で形を整え、耐熱容器に並べる。

③ 600Wで2分30秒加熱

②にラップをし、電子レンジで加熱する。

☑お好みでからししょうゆをそえて **完成！**

ひき肉のあんはビニール袋の中でこねて絞るので、洗い物が少なく後片付けも簡単です

ピリ辛ダレで、もやしをモリモリ食べられます

もやしのやみつきダレ

85kcal

0000 1519

材料〈1食分〉

もやし…100 g
ごま油…小さじ1
塩…少々

A
- コチュジャン…小さじ1/2
- しょうゆ…小さじ1
- 砂糖…小さじ1/2
- ニンニク（チューブ）…4㎝
- 白すりごま…小さじ1

作り方

① もやしを炒める

フライパンにごま油を引いて強火で熱し、もやしを炒め、塩をふる。

② タレをかける

器に盛り、合わせたAをかける。

もやしはシャキシャキ感を残して。もやし以外の野菜で作ってもおいしいですよ

疲労回復をサポート
簡単スタミナ丼定食

469kcal

どんっ

たんぱく質	**23.1**g
脂質	**18.2**g
糖質	**52.6**g

糖質代謝サポート　食物繊維プラス　葉酸補給　抗酸化作用

にら＆ニンニクでヘルシーにスタミナアップ

鶏ひき肉の簡単スタミナ丼

426kcal

0000 1526

材料〈1食分〉

鶏ひき肉…70g
にら（1cm幅に切る）…1/4束
ごま油…小さじ1/2

A ┌ しょうゆ…大さじ1/2
　│ みりん…大さじ1/2
　│ ニンニク（チューブ）…1cm
　└ ショウガ（チューブ）…1cm

ごはん…120g
卵黄…1個分

作り方

1 フライパンで炒める

　ごま油を引いて中火で熱し、鶏ひき肉を炒める。色が変わったら、にら、Ａを加えてサッと炒め合わせる。

2 仕上げる

　ごはんの上に❶を盛り、卵黄をのせる。

辛味が好きな方は、豆板醤を少々プラスしてもOK。食欲がない日に最適です

水溶性食物繊維も不溶性食物繊維も摂れる

えのきともずくのサンラータン風

43kcal

0000 1533

材料〈2食分〉

えのき（石突きを落とし、半分に
　切ってほぐす）…1袋（100g程度）
水…250cc
鶏がらスープの素（顆粒）…大さじ1/2
こしょう…少々
味付もずく（三杯酢）…1パック
卵白…1個分
青ねぎ（小口切り）…適量
ラー油…少々

作り方

1 具材を火にかける

　鍋にえのき、水、鶏がらスープの素、こしょうを入れて中火にかける。

2 さらに煮る

　❶が沸騰したら弱火にし、3分煮る。もずくを汁ごと加え中火にし、再度沸騰したら溶いた卵白をまわし入れる。

3 仕上げる

　❸の卵白に火が通ったら火を止め、器に盛る。

主菜に卵黄を、副菜のスープで卵白を使うのでムダなく卵を使い切ることができます

☑青ねぎを散らし、ラー油をまわしかけて **完成！**

たんぱく質	**39.8g**
脂質	**11.4g**
糖質	**50.4g**

たんぱく質30g以上 ・ 食物繊維プラス ・ イソフラボン補給 ・ むくみ対策

低カロリーなささみは夜遅ごはんの味方です

ささみとピーマンの和風マヨ炒め 189kcal

0000 1540

材料〈1 食分〉

鶏ささみ（一口大のそぎ切り）… 3 本
塩…少々
こしょう…少々
片栗粉…適量
ごま油…小さじ1/2
ピーマン（乱切り）… 2 個
A ┌ しょうゆ…小さじ 2
  │ マヨネーズ…小さじ 1
  └ ニンニク（チューブ）…1㎝

作り方

1 肉に下味を付ける

ささみに塩、こしょうをふり片栗粉をまぶす。

2 フライパンで肉を焼く

ごま油を引いて弱めの中火で熱し、ささみを焼く。片面1〜2分ずつ焼く。

3 味付ける

肉に火が通ったらピーマンを入れてサッと炒め、A を加えて炒め合わせる。

マヨネーズは少量を上手に使ってコクをプラスすれば、満足度も上がります

オクラ＆とろろ昆布で食物繊維をしっかり摂取

冷ややっこのオクラ昆布のせ 89kcal

0000 1557

材料〈1 食分〉

木綿豆腐…100 g
冷凍刻みオクラ…30 g
とろろ昆布…ひとつまみ
めんつゆ（3 倍濃縮）…適量

作り方

1 豆腐にのせるだけ

器に木綿豆腐をのせ、凍ったままの刻みオクラ、とろろ昆布をのせ、めんつゆをかける。

刻みオクラは野菜が足りないときのちょい足しに便利。冷凍庫に常備しておくのがおすすめです

28

簡単なのにスペシャル ローストビーフ定食

541kcal

うまいっ

たんぱく質	**36.2g**
脂質	**20.0g**
糖質	**48.2g**

※パンは60g分

野菜1/2日分以上　鉄補給　葉酸補給　肌荒れ対策

（主菜）

低脂質でたんぱく質リッチ。ダイエット中のごちそうに

ジューシーローストビーフ

273kcal

材料〈2食分〉

牛もも肉ブロック（室温に30分程度置き、
　A を揉み込む）…250 g
- 塩…小さじ1/2
- A 粗びき黒こしょう…少々
- ニンニク（チューブ）…8㎝

オリーブ油…小さじ1
- B ポン酢しょうゆ…大さじ2
- みりん…大さじ1

ベビーリーフ…50 g程度

作り方

1 下味を付けた肉を焼く

フライパンにオリーブ油を引いて熱し、強火で肉の4面を1分ずつ焼く。

2 さらに焼く

肉の上下にも焼き色を付け、弱火にして蓋をする。たまに裏返しながら8分程度焼く。

3 余熱で火を通す

❷をアルミホイルで巻き、余熱で火を通す。フライパンに B を入れ、煮詰めてソースにする。余熱で出た肉汁も混ぜる。

❷の工程で焼く際、肉の厚みの倍の時間を目安に焼きましょう。4㎝なら8分程度です

薄切りしてソースをかけ、ベビーリーフを添えて　**完成！**

（副菜）

ドレッシングは家にある調味料で簡単に手作り！

オニオンドレッシングサラダ

94kcal

材料〈2食分〉

冷凍ブロッコリー…8個
玉ねぎ（薄切り）…1/8個（30 g）
ミニトマト（4等分に切る）…4個
- 玉ねぎ（すりおろし）
　…1/8個（大さじ1杯分）
- A 味噌…大さじ1
- 酢…大さじ1
- はちみつ…小さじ1
- オリーブ油…小さじ2

作り方

1 ブロッコリーをレンチン

耐熱容器に入れ、ラップをし、600Wで2分加熱。

2 味付ける

❶、玉ねぎ、ミニトマトを皿に盛り、合わせた A をかける。

油は、アマニ油やエごま油などオメガ3脂肪酸のオイルに代えてもいいですよ

食べすぎた日の翌日はこれでリセット

あすけんスープ

こんなこと、ありませんか?

年末年始やゴールデンウィーク、夏休みなど長期の休日に入ると、
ついハメをはずしてお酒やスイーツ、
糖質&脂質たっぷりの食事を食べすぎてしまう……。
できるだけスピーディーに元に戻したい!
暴飲暴食を「なかったことにする方法」を知りたい!

そんなときは「あすけんスープ」がおすすめ

リセットに必要な栄養素をイン

あすけんスープには糖質や脂質の吸収を抑えてくれる食物繊維や、糖質や脂質の代謝に欠かせないビタミンB群などを含む食材を中心に取り入れています。暴飲暴食後はとくに積極的に摂取したい栄養素が充実しているのがポイント。

100kcal台の低カロリーな「食べるスープ」

あすけんスープは、どれも暴飲暴食後のカロリー調整に最適な100kcal前後になっています。低カロリーながらも具沢山で、食べ応えは十分。この一品だけでお腹もしっかり満足できる「食べるスープ」です。

「夕食」を3日間置き換え

暴飲暴食後の翌日から3日間を目安に、無理のない範囲で夕食をあすけんスープに置き換えてみてください。夕食は少々糖質控えめでも大丈夫。ただし、朝食、昼食はリセットしたいときでも通常通り食べましょう。

覚えておきたいリセット時のルール

① 暴飲暴食後の「断食」は逆効果!

断食などで極端に食事の量を減らすと、体温が下がって日中の代謝が低下し、短期的には体重が減ったとしても、かえってやせにくい体になったり、体調を崩す原因になったりすることも。大切なのはかしこく食べること。夕食にあすけんスープを活用しながら、ランチを野菜料理や豆腐料理にチェンジしたり、甘いお菓子などの嗜好品を控えめにするなどして調整しましょう。

② 飲みすぎた場合は水分を多くとる

アルコールの分解には体内の水分が使われます。さらにアルコールの利尿効果で水分が身体から出て行くので、そのぶん意識して水やお茶をしっかり飲むようにしましょう。ただし、糖分が多いスポーツドリンクやジュースはNGなので気をつけて。二日酔いの場合は、体内に残った毒素を排出するためにたくさん水分をとることで、回復を早めることができますよ。

食物繊維たっぷり！

雑穀とごぼうの和風スープ

151kcal

ごぼう、きのこ、しらたきなど食物繊維を含む食材をたっぷり摂ってリセット。
脂質や糖質の吸収を抑えてくれます。

材料〈2食分〉

しらたき（食べやすい大きさに切る）…100ｇ
しめじ（石突きを落とす）…30ｇ
豆腐（食べやすい大きさに切る）…100ｇ
鶏ささみ（一口大にそぎ切り）…2本
片栗粉…ひとつまみ
冷凍ささがきごぼう…50ｇ
冷凍刻みオクラ…10ｇ
雑穀（もち麦など）…30ｇ
水…500ml
鶏がらスープの素（顆粒）…大さじ1
しょうゆ…小さじ1

作り方

1. 鶏肉に片栗粉をまぶす
2. 鍋に水を入れて火にかけ、沸騰したら1と残りの材料をすべて入れる。5分程度、中火にかける。
3. 火を止めて10分程度おいて雑穀を蒸らし、食べる直前に再度温める。

たんぱく質も食物繊維もしっかり摂れるので、満足度120％のリセットスープです

キャベツの
豆乳味噌スープ　120kcal

キャベツに含まれるビタミンUは胃の粘膜を
保護してくれる。まさに暴飲暴食後にぴったり。

材料〈1食分〉
キャベツ（千切り）…50g
鶏ひき肉…30g
水…150cc
豆乳…100cc
鶏がらスープの素（顆粒）…1.5g
味噌…小さじ2
白すりごま…適量（お好みで）

作り方
① 鍋に水を入れて火にかけ、沸騰させる。キャベ
ツ、ひき肉を入れ、あくを取り除きながら煮る。
② ひき肉に火が通ったら豆乳、鶏がらスープの素、
味噌を入れ温める。お好みで白すりごまを加え
る（辛味が好きな人はラー油を入れても◎）。

切干大根の　（1食）120kcal
サンラータン風スープ

切干大根はカルシウムや鉄分、
ビタミンB群を含む栄養豊富なストック食材。

材料〈2食分〉
切干大根（さっと洗う）…10g
えのき（食べやすくカット）…1/2パック（60g）
ミニトマト（半分に切る）…4個
絹ごし豆腐…150g
溶き卵…1個分
水…400cc
鶏がらスープの素（顆粒）…小さじ1
しょうゆ…小さじ1
穀物酢…大さじ1
こしょう…小さじ1/3
塩…少々（お好みで）

作り方
① 鍋に水と鶏がらスープの素、しょうゆを入れて
火にかける。
② ①に切干大根、えのき、ミニトマト、豆腐をス
プーンで一口大にすくって鍋に入れる。
③ ②が沸騰したら、卵をまわし入れる。穀物酢・
こしょうを入れ、お好みで塩を少々加え、味を
調える。

市販品を活用して手軽にリセット！

包丁もまな板も必要なし。レトルト味噌汁や缶詰、冷凍野菜をフル活用してできる
簡単あすけんスープです。

トマトジュースで簡単ミネストローネ　**69**kcal

トマトジュースに含まれるカリウムが
むくみ対策に活躍。
冷凍野菜はお好みのものを活用して。

材料〈1食分〉
ミックスビーンズ…25g
無塩トマトジュース…200cc
冷凍ささがきごぼう…10g
コンソメ（顆粒）…ひとつまみ
　（有塩トマトジュースを使う場合はなくて可）

作り方
❶ 耐熱マグカップにミックスビーンズと冷凍さ
　さがきごぼうを入れ、トマトジュースとコン
　ソメを加える。
❷ 600Wの電子レンジで2分30秒加熱する。

お湯を注ぐだけ！春雨味噌汁　**76**kcal

市販品をフル活用。包丁もまな板も鍋も
いらない、究極の時短スープ。
腹持ちもよく満腹感も十分！

材料〈1食分〉
レトルト味噌汁の素…1食分
春雨（乾燥）…15g
お湯…150cc

作り方
❶ お椀にお湯と春雨を入れ、3分ほど置く。
❷ 春雨が戻ったら、レトルト味噌汁の素を入れ
　て混ぜる。

甘い物が食べたいなら間食してもいい！

罪悪感ゼロの
ギルティフリースイーツ

ダイエット中のおやつといえば、干し芋やナッツ、ドライフルーツが
手軽で楽しみやすいですが、ときにはしっかりスイーツ感のある
甘いものも食べたいもの。カロリー控えめで、
たんぱく質や食物繊維などの栄養成分も摂取できる、
罪悪感ゼロのギルティフリースイーツをご紹介します。

食物繊維たっぷり
オートミールクッキー

（1枚）**42**kcal

材料〈4枚分〉

バナナ … 正味50ｇ（1/2本程度）
オートミール … 25ｇ（バナナの分量の半分）
サラダ油 … 小さじ1

作り方

❶ バナナをフォークでつぶし、オートミールを加えてよく混ぜる。

❷ フライパンにサラダ油を引く。❶を円形に薄く広げる。

❸ 弱火で両面をじっくり焼く。

たんぱく質が摂れる
黒蜜きなこプリン　**119**kcal

材料〈1食分〉

A
- きなこ … 小さじ2
- 牛乳 … 100cc
- 粉寒天 … 0.5ｇ
- オリゴ糖 … 小さじ2
- バニラエッセンス … 数滴（なくても可）

黒蜜 … 小さじ1

作り方

❶ 鍋に A を入れ、弱～中火で5分加熱する。

❷ 水で濡らしたプリン型に入れ冷蔵庫で冷やす。

❸ 食べる前に黒蜜をかける。

おやつは1日 200kcalまでOK

多くの成人女性の場合、ダイエット中の1日の摂取カロリーは約1500kcal程度が目安です。お菓子を食べたい場合は1日200kcal以内でかしこく選んでみましょう。

14〜15時に 食べるのがベスト

脂肪の合成を促す時計遺伝子、BMAL1（ビーマルワン）の働きが少ない時間帯を狙っておやつを楽しみましょう。
1日の中でも代謝が高くエネルギーを消費しやすい10〜15時の間、とくに14〜15時がおすすめですよ。

砂糖不使用！ 抹茶豆乳グラニテ

（1食）**43kcal**

材料〈3食分〉
抹茶…小さじ2
オリゴ糖…27g
お湯…50cc
調整豆乳…100cc

作り方

1. 抹茶とオリゴ糖を容器に入れてお湯を少しずつ注ぎ、よく溶かす。
2. 冷凍用保存袋に豆乳を入れ、❶を入れてよく混ぜる。
3. ❷を平らにして冷凍庫に。途中2〜3回、棒でたたいたり手でほぐしたりする。
4. シャリシャリにほぐして盛り付ける。

高たんぱくな レアチーズケーキ

（カップ1個）**140kcal**

材料〈カップ2個分〉
ギリシャヨーグルト…135g
胚芽クラッカー…3枚(12.5g)
はちみつ…大さじ1
レモン汁…小さじ1
ゼラチン…2.5g
お湯…大さじ2
冷凍ブルーベリー
…20g

作り方

1. ギリシャヨーグルトとはちみつをボウルで混ぜる。
2. クラッカーは、袋に入れて食感が残るくらいのサイズに手で砕き、半量ずつカップの底に広げる。
3. ゼラチンにお湯を入れ、溶かす。
4. ❶に❸とレモン汁を入れて混ぜる。※
5. ❷に❹を入れて冷蔵庫で1時間ほど冷やし固める。ブルーベリーをトッピング。

※ヨーグルトが冷たすぎると、ゼラチンがダマになりやすいのでご注意を！

Staff

監修	道江美貴子（asken）
レシピ考案	あすけん栄養士チーム（金丸利恵　廣田千尋 井上祥子　井下弘佳　長島有希　黒田夏未 多田綾子　道江美貴子）
撮影	新居明子
デザイン	大橋千恵（Yoshi-des.）
フードスタイリスト	渡会順子
調理	脇田朋子
イラスト	蟻子
企画協力	福井千尋（asken）
DTP	坂巻治子
校正	深澤晴彦
協力	UTUWA
編集	高木さおり（sand）
編集統括	吉本光里（ワニブックス）

国内最大級の食事管理アプリ
あすけん公式

結局、これしか作らない！

著 者　あすけん

2023年12月20日　初版発行
2024年11月10日　8版発行

発行者　髙橋明男
編集人　青柳有紀
発行所　株式会社ワニブックス
　　　　〒150-8482
　　　　東京都渋谷区恵比寿4-4-9　えびす大黒ビル
　　　　ワニブックスHP　http://www.wani.co.jp/
　　　　（お問い合わせはメールで受け付けております
　　　　　HPより「お問い合わせ」へお進みください）
　　　　※内容によりましてはお答えできない場合がございます。

印刷所　TOPPANクロレ株式会社
製本所　ナショナル製本